F. W. von Viebahn

Auswahl und Einbau von Bootsmotoren (1925)

F. W. von Viebahn

Auswahl und Einbau von Bootsmotoren (1925)

ISBN/EAN: 9783954270927
Erscheinungsjahr: 2012
Erscheinungsort: Bremen, Deutschland

© maritimepress in Europäischer Hochschulverlag GmbH & Co. KG, Fahrenheitstr. 1, 28359 Bremen. Alle Rechte beim Verlag und bei den jeweiligen Lizenzgebern.

www.maritimepress.de | office@maritimepress.de

Bei diesem Titel handelt es sich um den Nachdruck eines historischen, lange vergriffenen Buches. Da elektronische Druckvorlagen für diese Titel nicht existieren, musste auf alte Vorlagen zurückgegriffen werden. Hieraus zwangsläufig resultierende Qualitätsverluste bitten wir zu entschuldigen.

Auswahl und Einbau von Bootsmotoren

von

F. W. von Viebahn
Diplom-Ingenieur
Berlin-Marienfelde

Deutsche Verlagswerke Strauss, Vetter & Co., Berlin C 2
1925

Vorwort.

Im Kraftfahrzeugbau für Landbetrieb ist der leichtgebaute Vergaser-Ölmotor im wesentlichen herrschend geblieben.

Nur für wenige Sonderzwecke, für Kraftpflüge, Straßenzugmaschinen, Schlepper usw., überall dort, wo die Gewichtsfrage zurücktreten darf, haben der Wirtschaftlichkeit wegen auch Schwerölmotoren Eingang gefunden.

Daher ist die Zahl der Motortypen für Landfahrzeuge nur klein, entsprechend den begrenzten, nicht vielseitigen Anforderungen des Fahrzeugs an den Motor. Für die Auswahl der geeigneten Maschinengattung sind einige wenige grundlegende Gesichtspunkte maßgebend, sie ist also im allgemeinen nicht schwierig. Innerhalb derselben Gattung ist die Wahl allein von Einzelheiten der Gestaltung abhängig. Die Unterschiede sind gering, sie werden mit wachsender Vervollkommnung immer kleiner.

Auch die Frage des Einbaus und der Kraftübertragung ist bei Landfahrzeugmotoren nicht vielseitig. Durch längere Erfahrung haben sich einige wenige Lösungen herausgebildet und sind heute nahezu einheitlich geworden.

Im Luftfahrzeugbau herrscht der leichtestgebaute Vergasermotor bis jetzt unumschränkt. Alle Schwierigkeiten, die hier vorhanden sind, liegen nicht in der Wahl der Gattung, sondern allein in der baulichen Ausgestaltung der Leichtölmaschine, namentlich im Hinblick auf die noch dauernd wachsenden Anforderungen an die Leistung.

Wesentlich anders liegen die Dinge im Bau von Wasserfahrzeugen mit Motoren, namentlich von kleineren Fahrzeugen, von Motorbooten, wo der Motor gleichfalls in großem Umfange Eingang gefunden hat. Vielfältig und vielseitig sind Verwendungszweck und Bauart solcher Fahrzeuge und demgemäß auch die Anforderungen, die Bau und Betrieb an die Maschinenanlage stellen. In Motorbooten ist jede der vorhandenen Motorgattungen schon zur Anwendung gelangt.

Die Gesichtspunkte für die Auswahl der Motorgattung und für den Einbau sind, entsprechend der Verschiedenheit der Bauart und der Zweckbestimmung der Fahrzeuge, zahlreich und vielseitig. Es gibt daher auch viele Möglichkeiten von Fehlern, und kaum irgendwo anders sieht man mehr Fehler in Motoranlagen als auf Motorbooten. Wer sie vermeiden will, bedarf ausgiebiger Erfahrungen, die nur in vieljähriger, gründlicher Arbeit auf diesem Gebiet gewonnen werden können. Sie werden oft teuer erkauft, und wer sie hat, gibt sie gewöhnlich nicht gern preis.

In diesem Buche veröffentlicht ein berufener Fachmann die Ergebnisse solcher Erfahrungen, die er in langer, gründlicher Berufstätigkeit bei einer unserer ersten Motorenfabriken gewonnen hat, zu Nutz und Frommen der Allgemeinheit. Darin liegt der besondere Wert dieses Buches.

Alle, die mit Motoranlagen auf Booten irgendwie zu tun haben, Schiff- und Motorbauer, Werkstatts- und Betriebsfachmänner, Käufer und Verkäufer solcher Anlagen, können daraus wertvolle Belehrung schöpfen.

Darum wünsche ich dem Buche weiteste Verbreitung und besten Erfolg.

Prof. F. Romberg.
Geh. Reg.-Rat.

Inhaltsübersicht.

Einleitende Bemerkungen.

	Seite
Begrenzung der Aufgabe	8
Geschichtliche Entwicklung	9
Allgemeine Vorzüge des Motors als Schiffsantriebsmaschine	15
Entwicklungsrichtungen	17

A. Praktische Gesichtspunkte für die Auswahl eines Bootsmotors:

Gegenwärtiger Stand 18
  I. Allgemeine Anforderungen 19
 II. Technische Unterschiede der Motortypen 20
   1. Unterschiedliche Eigenart der Motorgattungen nach Betriebsstoffen 20
     a) Vergaserbootsmotoren 20
     b) Glükopfmotoren 24
     c) Hochdruckmotoren 27
     d) Sauggasmotoren 27
     e) Dieselmotoren 27
   2. Unterschiedliche Eigenart der Motorgattungen nach dem konstruktiven Arbeitsverfahren 28
     a) Vergasermotoren 29
     b) Glühkopfmotoren 29
     c) Dieselmotoren 30
   3. Unterschiede im Arbeitsgang 30
   4. Unterschiede in der Bauart 31
   5. Manövrierfähigkeit 32
     a) Schmiegsamkeit 32
     b) Umsteuerbarkeit 33
     c) Anlaßvorrichtungen 34
III. Praktische bordbetriebstechnische Gesichtspunkte für die Auswahl der geeigneten Motortype 35
   1. Verwendungszweck des Fahrzeuges 35
   2. Wartung, Bedienung und Instandhaltung 36
   3. Maschinengewicht 38
   4. Von dem verfügbaren Maschinenraum 38
   5. Von der Propelleranordnung 39
IV. Schiffbauliche Gesichtspunkte für die Auswahl der Motortype . . . 39
   1. Typenwahl entsprechend der Kraftleistung 40
   2. Raumanspruch und Baulänge 40
   3. Maschinengewicht 41
   4. Schwungradanordnung 41
   5. Lichte Fundamentweite 42
   6. Maschinenbettung 42
   7. Achsenneigung 43
 V. Betriebstechnische Gesichtspunkte 44
   1. Keine Beschränkungen durch Befähigungsnachweis 45
   2. Betriebsbereitschaft 45

		Seite
	3. Betriebssicherheit	45
	4. Zugänglichkeit	46
	5. Auswechselbarkeit	47
	6. Abschaltbarkeit	47

B. Gesichtspunkte für den Einbau an Bord:

I.	Bauausführung des Schiffskörpers	48
	Maschinenbettung	49
II.	Anordnung, Einrichtung und Ausstattung des Motorraumes	51
	1. Schutzkasten	51
	2. Gedeckter Motorraum	52
	3. Geschlossener Motorraum	52
	Luft und Licht	52
	Zugänglichkeit	53
	Einrichtungen	53
	Abschottung	53
III.	Treibstofflagerung	53
	1. Formgebung, Bauart und Unterbringung der Treibstoffbehälter	53
	Formgebung	53
	Bauart	54
	Lagerung	55
	Befestigung	55
	Standmesser	55
	Unterbringung	55
	2. Füllvorrichtung der Treibstoffbehälter	56
	Auffüllen	56
	Füllrohr	56
	Fülltrichter	56
	3. Treibstoff-Entnahme-Einrichtungen	57
	a) Treibstoffzufluß mit Gefälle	57
	b) Treibstofförderung unter Überdruck	57
	c) Unterdruckförderung	58
	4. Entnahme-Leitungen	59
	5. Sicherheitsvorkehrungen bei der Treibstofflagerung	60
	6. Verbrauchsmessung	60
IV.	Kühlwasserförderung	61
	Durchflußkühlung	61
	Wärmeregulierung	61
	Schlammkasten	61
	Kühl- und Lenzleitung	61
	Zu- und Ableitung	62
	Entwässerung	62
V.	Auspuffleitung	62
	Auspuffsammelrohr	63
	Isolierung	63
	Sicherung	63
	Schalldämpfung	63
	Unterwasserauspuff	63
VI.	Kupplungen und Wendegetriebe	64
	Kupplungen	65
	a) Klauenkupplungen	65
	b) Konuskupplungen	65

		Seite
	c) Reibungskupplungen	65
	d) Federbandkupplungen	66
	e) Lamellenkupplungen	66
	f) Gekapselte Konusgetriebe	66
	Wendegetriebe	66
	a) Riemengetriebe	67
	b) Reibräder	67
	c) Zahnrad-Wendegetriebe	67
	d) Planeten-Wendegetriebe	67
	e) Flüssigkeitsgetriebe	67
	Übersetzungsgetriebe	68
	Elektrische Kraftübertragung	68
VII.	Umsteuerschrauben-Anlagen	69
	Segelschrauben	70
	Wendeschrauben	70
	Ausführungsart	71
	Betätigung	71
	Wirkungsgrad	71
VIII.	Wellenleitungen mit fester Schiffsschraube	72
	Drucklager	73
	Wellenleitung	73
	Lagerstellen	74
	Stevenrohr	74
	Wellenbock	75
	Kreuzgelenke	76
	Feste Schiffsschraube	77
	Gegenpropeller	77
	Doppelschrauben	78
	Tandem-Anordnung	79
	Dreischraubenantrieb	79
	Tunnelheck	79
	Luftschraubenantrieb	79
IX.	Allgemeine Einbauanordnung	80
	Bedienungsstand	80
	Bewegungsrichtungen für Handräder und Hebel	80
	Verblockungen	81
	Schutzvorrichtungen	81
	Kurbelgehäuse-Entlüftung	81
	Rohrleitungen	81
	Kühlwasserleitungen	81
	Kühlwasser- und Lenzpumpe	82
	Schwungradmarken	82
	Baustoffwahl	82
	Anhebevorrichtungen	83
	Handleisten und Schutzgeländer	83
	Abtropfwannen und Tropfschalen	83
	Schutzkästen	83
	Be- und entlüftung	83
	Beleuchtung	84
	Befehlsübermittelung	84
	Feuerschutz-Vorkehrungen	84
	Zusammenfassung	85
	Literatur-Nachweisung	87

Praktische Gesichtspunkte für die Auswahl und den Einbau von Bootsmotoren.

Einleitende Bemerkungen.

Begrenzung der Aufgabe.

Im Rahmen dieser Abhandlung sind unter „Bootsmotoren" nur die zum Antriebe kleinerer Fahrzeuge üblichen oder geeigneten Verbrennungskraftmaschinen verstanden, welche im allgemeinen in ihrer Leistungsbegrenzung bis zu etwa 100 PS gehen, während die darüber hinausgehenden Stärken, je nach ihrer Bauart, teilweise schon unter den Begriff „Schiffsmotoren" entfallen.

Sogenannte „Dampfmotoren" und „Elektromotore" sind also nicht in dem besprochenen Gebiet einbegriffen. Der in Einzelfällen vorkommende Benzin-elektrische Bootsantrieb ist der Vollständigkeit halber kurz erwähnt.

Die Arbeit erstreckt sich auf eines jener Grenzgebiete, wo Schiffbau und Maschinenbau — soll das Erdergebnis ein betriebstechnisch und wirtschaftlich befriedigendes sein — sich gegenseitig in die Hand arbeiten müssen, um aus dem stets vorliegenden Kompromiß nach Möglichkeit ein Optimum zu machen. Diese Arbeitsgebiete sind namentlich im Kleinschiffbau bisher von der Ingenieur-Wissenschaft leider vielfach vernachlässigt worden, da sie sich schwer in theoretischen Formeln festlegen lassen und beim Fachstudium nicht in ausreichendem Maße berücksichtigt werden können.

Sie bieten aber dem denkenden Ingenieur reiche Anregungen und Aufgaben, die nicht unterschätzt werden sollten, sondern im Interesse des wirtschaftlichen, den neuzeitlichen Anforderungen entsprechenden Aufbaues von Kleinschiffbau und Kleinschiffahrt liegen. Erst aus der Praxis lassen sich allgemeine Richtlinien gewinnen, deren systematische Einordnung in Nachstehendem angestrebt wird.

Eine besondere Bedeutung gewinnen alle hier auftretenden Fragen dadurch, daß die Motoren-Industrie nicht Einzelausführungen herstellt, sondern auf Reihenanfertigungen angewiesen ist. Im Kleinschiffbau dagegen konnte bei uns von Reihenbau in größerem Umfange bisher kaum die Rede sein, obgleich dieser unter dem Druck der wirtschaftlichen Verhältnisse hier und da angestrebt wurde, z. B während des Krieges für Minensuchboote, U-Bootszerstörer, Fischkutter und Strandboote, in der Nachkriegszeit auch für Sport- und Verkehrsboote.

Theoretisch betrachtet könnte für ein zu einem bestimmten Zweck entworfenes Fahrzeug nur ein Motor der geeignetste sein. Diese Idealmaschine wird nicht immer erhältlich sein; man muß sich daher mit einer annähernd geeigneten greifbaren marktgängigen Type zufrieden geben. Bei geschicktem Ausgleich erfüllbarer Wünsche und günstiger Ausnutzung schiffbaulicher oder maschinenbaulicher Möglichkeiten wird dies im allgemeinen stets möglich sein. Diese Überlegung zeigt jedoch schon zur Genüge, wie wichtig eine enge verständnisvolle Fühlungnahme zwischen den Werften und der Motoren-Industrie ist, damit letzterer die jeweiligen Bedürfnisse der Schiffbautechnik bekannt werden, während erstere verständnisvoll die konstruktiven und fabrikatorischen Gesichtspunkte der reihenweisen Anfertigung bestimmter Maschinentypen im Motorenbau bei ihren Anforderungen berücksichtigen und ihre Bootskonstruktionen den gegebenen Möglichkeiten anpassen.

Geschichtliche Entwicklung.

Die Entwicklung der kleinen Verbrennungskraftmaschine in der Schiffahrt ist eine nach den drei Hauptzweigen der in Betracht kommenden Motorenarten ganz verschiedenartige und auch zeitlich getrennte gewesen.

Schon in den allerersten Zeiten der konstruktiven Entwicklung des schnellaufenden Verpuffungsmotors wurden solche Maschinen von ihren Erfindern in Boote eingebaut und recht früh die große Bedeutung des Motors als Antriebsmaschine für die Kleinschiffahrt erkannt. Jedoch stellt Professor Romberg in seinem Vortrage „Über Schiffsgasmaschinen" auf der Hauptversammlung der Schiffbautechnischen Gesellschaft 1909 mit Recht fest, daß ernsthaft die Entwicklung der Schiffsverbrennungsmaschine erst vom Beginn der achtziger Jahre des vorigen Jahrhunderts an zu zählen sei. In diesem Zusammenhange sei daran erinnert, daß der Erfinder des schnellaufenden Viertakt-Verpuffungsmotors, Gottlieb Daimler, schon im Jahre 1886 mit einem V-förmigen Zweizylinder-Petrolmotor von rund 2 PS Leistung erfolgreiche Versuche in einem Boot auf dem Neckar bei Cannstatt machte, welche als einer der wesentlichsten Ausgangspunkte für die Entwicklung des schnellaufenden Verpuffungs-Bootsmotors geschichtliche Bedeutung erlangt haben.

Auf dieser Grundlage aufbauend, hat sich sehr bald der „Daimler-Bootsmotor" zur wirklichen Schiffsmaschine entwickelt und hat sich durch ständige konstruktive, fabrikatorische und betriebstechnische Verbesserungen seinen Ruf als die führende deutsche Marke unter den Vergaserbootsmotoren zu sichern gewußt!

Denn im Allgemeinen hat man sich lange Jahre damit begnügt, die für Kraftwagen erprobten Maschinentypen auch in Boote zu verpflanzen, ohne auf die grundsätzlichen Unterschiede in der Beanspruchung des Motors bei dieser oder jener Betriebsart gebührend Rücksicht zu nehmen.

Diese Unterschiede sind einmal in der Beanspruchung, zum andern in den örtlichen Betriebsverhältnissen zu suchen. Während der Wagenmotor im Straßenbetriebe nur vorübergehend, namentlich bei zu überwindenden Steigungen voll belastet ist, ist dieses beim Bootsmotor in voller Fahrt ständig der Fall. Die auftretenden Beanspruchungen sind also bei letzterem dauernder Art; demgemäß führen die zu hohen spezifischen Beanspruchungen der in Booten verwendeten Wagenmotoren zu übermäßiger Abnutzung und baldigem Zusammenbruch. Auch heute noch wird in dieser Hinsicht vielfach gefehlt, indem häufig genug Wagenmotoren wahllos in Boote eingebaut werden unter Nichtachtung der neuen Betriebsanforderungen. Die Nackenschläge dauernder Betriebsstörungen können dann nicht ausbleiben; aber sie führen leider nur selten Bootsbesitzer und Einbaufirma zu der überzeugenden Erkenntnis, daß es nicht nur besser, sondern auch billiger gewesen wäre, von vornherein einen zweckentsprechenden richtigen Bootsmotor zu beschaffen. Erst recht gilt dies für den nach Kriegsende geübten Mißbrauch von Flugmotoren als Antriebsmaschinen für gewöhnliche Boote.

In den örtlichen Betriebsverhältnissen bestehen grundsätzliche Unterschiede hinsichtlich der Kühlung, indem die Motoren der Landfahrzeuge mit Umlaufskühlung nach dem Rückkühlverfahren unter Zufluß des Kühlwassers arbeiten, während die Bootsmotoren im allgemeinen für Durchflußkühlung eingerichtet sind und sich das Kühlwasser alsdann selbsttätig von außenbords zupumpen müssen. Diese Kühlwirkung im Boot ist natürlich eine günstigere. Dafür fehlt im Boot die nicht unwirksame Luftkühlung durch den Fahrtstrom, welche im Wagen die ganze Maschine umspült. Hinsichtlich der Schmierung ist dies insofern im allgemeinen an Bord nicht der Fall, als meistens die Bootsmotoren mit Rücksicht auf die Raumverhältnisse mit mehr oder minder starker Achsenneigung der Kurbelwelle eingebaut werden müssen, wodurch eine ungleiche Schmierung der bewegten Teile eintritt.

Erst die im Laufe der Jahre einsetzende planmäßige Entwicklung besonderer Bootsmotorentypen, welche sich den Anforderungen des Bordbetriebes je länger je besser anzupassen suchten, hat eine lebhafte Entfaltung des Motorbootwesens zeitigen können. Hierzu hat in Deutschland die allmähliche planmäßige Einführung des motorischen Antriebes in die Verkehrsboote der Kaiserlichen Marine viel beigetragen.

Die Entwicklung des deutschen Glühhaubenbootsmotors datiert hauptsächlich erst von dem seitens des Deutschen Seefischerei-Vereins und dem Verein deutscher Motorfahrzeug-Industrieller im Jahre 1908 erlassenen „Preisausschreiben zur Erlangung brauchbarer Motoren und Winden für Fahrzeuge der Deutschen See- und Küstenfischerei". Denn bis dahin waren die in deutschen Fischereifahrzeugen, namentlich des Ostseegebietes, verwendeten Motoren — von wenigen Ausnahmen abgesehen — ausländischer Herkunft, und zwar hauptsächlich dänische Glühhauben-Viertaktmotoren und schwedische Glühhauben-Zweitaktmotoren.

Die Prüfung der Motoren gliederte sich in eine Vorprüfung auf dem Prüfstande im Werk hinsichtlich Zuverlässigkeit des Betriebes, Einfachheit der Konstruktion, Geräuschlosigkeit, Regelmäßigkeit des Ganges, Treibstoffverbrauch, Schmierölverbrauch, Platzbedarf an Bord und Billigkeit der Anschaffung; anschließend eine mindestens einjährige Probezeit auf See, bei welcher die Maschinenanlage auf ihre Betriebssicherheit, Manövrierfähigkeit, Schleppwirkung, Einfachheit der Wartung, Reinigung und Ausbesserung, sowie Feuersicherheit überwacht wurde; die Schlußprüfung schließlich erstreckte sich außerdem noch auf die Übersichtlichkeit und Zugänglichkeit der ganzen Maschinenanlage, auf die Abnutzung, Einfachheit der Wartung, Art und Unterbringung des Brennstoffes, sowie auf die Schraubenwirkung.

Dieser Wettbewerb gliederte sich in kleine Motoren mit Leistungen von 4—10 Bremspferdestärken, und größere Motoren mit Leistungen von 20—30 Bremspferdestärken. Von den insgesamt gemeldeten 18 verschiedenen Maschinen wurden 6 vor der Vorprüfung zurückgezogen, haben 5 die Vorprüfung nicht bestanden. Für die größere Klasse trat nur ein von der Gasmotorenfabrik Deutz gelieferter 24 PS zweizylindr. Petroleum-Viertakt-Gleichmotor System Brons in den Wettbewerb, welchen er preisgekrönt bestand. In der kleineren Klasse wurden damals mit Preisen ausgezeichnet die Gasmotorenfabrik Deutz für einen einzylindr. 8 PS Petroleum-Viertaktmotor System Brons, die Maschinenfabrik Swiderski, Leipzig, für einen einzylindr. 6 PS Zweitakt-Rohöl-Glühhaubenmotor, die

Kieler Maschinenbau-Aktien-Gesellschaft C. Daevel für einen zweizylindr. 8 PS Petroleum-Viertakt-Glühhaubenmotor.

Hinsichtlich der Frage, ob „Viertakt" oder „Zweitakt" vorzuziehen sei, kam das Preisgericht damals zu folgenden Feststellungen:

1. Der Viertakt muß mit Ventilen versehen sein. Der Zweitakt kann ohne Ventile, allein mit Ein- und Ausströmungsschlitzen im Zylinder, die vom Kolben gesteuert werden, arbeiten.

2. Der Viertakt-Motor ist somit komplizierter im Bau und arbeitet geräuschvoller als der ventillose Zweitaktmotor.

3. Der Viertaktmotor ist bei gegebener Kraftleistung größer und etwa um ein Viertel schwerer als der Zweitaktmotor.

4. Der Zweitaktmotor springt leichter an beim Andrehen und hat einen gleichmäßigeren Gang als der Viertaktmotor.

5. Beim Viertakt-Glühhaubenmotor neigt die Haube wegen der langsamen Folge der Zündungen bei Leerlauf eher zum Erkalten, bei Höchstlast aber auch weniger zur Erhitzung als beim entsprechenden Zweitaktmotor.

6. Der Zweitaktmotor bedarf einer Spülluftpumpe, der Viertaktmotor nicht. Die Verwendung des Kurbelgehäuses als Pumpenraum und des Antriebsmotors gleichzeitig als Pumpentriebwerk gibt die einfachste Form der Spülluftpumpe, die bei Zweitaktmotoren in der Regel verwendet wird.

Das Gesamturteil über die bei jenem Wettbewerb zur Wahl gestellten Motoren lautete hinsichtlich der verschiedenen Bauarten wie folgt:

„Die Glühhaubensysteme sind nicht weiter entwicklungsfähig. Der Bronsmotor ist schwer, groß und komplizierter als der Glühhaubenmotor. Seine Vorteile dem Glühhaubenmotor gegenüber liegen in der für die See- und Küstenfischerei wichtigen steten Gebrauchsbereitschaft und in den geringeren Brennstoffkosten, wenn Rohöl verwendet wird.

Die stark im Fluß befindliche Entwicklung des Schiffs- und Bootsmotorenbaues geht auf die Gleichdrucksysteme hin, unter denen das Dieselsystem zurzeit in erster Reihe steht."

So wertvoll dieser groß angelegte Wettbewerb war, und so befruchtend er auf die an diesem Fertigungsgebiet interessierte deutsche Industrie gewirkt hatte, konnte er sich doch nicht in vollem Maße auswirken, da auch hier durch den Kriegsausbruch eine störende Unterbrechung eintrat. Die sich aus der wirtschaftlichen Abschnürung Deutschlands ergebenden Verhältnisse brachten jedoch das Verlangen nach möglichster Steigerung des Fischereiertrages in den freigegebenen Küstengebieten und daher die Forderung nach möglichster Leistungssteigerung der verfügbaren Fischereifahrzeuge mit sich. Dies war nur erreichbar durch planmäßigen Übergang zum motorischen Antrieb der Fahrzeuge selbst, sowie ihrer Netzwinden. Die früher übliche Einführung skandinavischer Motoren war nicht mehr möglich, und so eröffnete sich den leistungsfähigen deutschen Firmen ein aussichtsreicheres Absatzgebiet als dies vor dem Kriege in der deutschen Hochsee- und Küstenfischerei der Fall gewesen war. Die Neubeschaffung von Fischereifahrzeugen und den dazugehörigen Motoren übernahm in großzügiger Weise der Reichskommissar für Fischversorgung, welcher die geeignetsten Motorenfabriken zu größeren Reihenlieferungen bestimmter Maschinentypen heranzog; durch dieses Verfahren wurde deren Leistungsfähigkeit merklich gesteigert. Der Nachkriegsbedarf an Rohölmotoren aller Größen für Fahrzeuge der Erwerbsschiffahrt hat sich außerordentlich gehoben und der deutschen Motorenindustrie auch lohnende Lieferungsmöglichkeiten nach dem Auslande eröffnet.

Die allgemeine Entwicklung des schon in obigem Schlußurteil als besonders aussichtsreich bezeichneten, nach dem Dieselverfahren arbeitenden Gleichdruck-Schiffsölmotors datiert von dem Zeitpunkt des Freiwerdens der Diesel-Patente. Der Förderung dieser Maschinenart brachte gleichmäßig die Handelsschiffahrt wie die Marineverwaltungen lebhaftes Interesse entgegen. Die planmäßige Entwicklung und Förderung leichter schnellaufender Boots-Dieselmotoren in Deutschland ist hauptsächlich auf das besondere Interesse der Kriegsmarine an dieser Maschinengattung zurückzuführen und hatte in kurzen Jahren schon vor dem Kriege außerordentlich befriedigende Ergebnisse gezeitigt. In den unvergleichlichen Dauerfahrtleistungen deutscher U.-Boote während des Weltkrieges fand er seine Krönung!

Hinsichtlich der Einführung des Verbrennungsmotors als Hilfsmaschine auf bis dahin mit Naturkräften betriebenen Fahrzeugen sei in geschichtlichem Interesse der Vollständigkeit halber hier erwähnt, daß die Einführung eines Hilfsmotors auf den dänischen Fischerbooten um die Jahrhundertwende zunächst zu dem Zweck geschah, um mittels desselben die Netzwinden anzutreiben. Erst dann kam man auf den Gedanken, die Motorkraft der Winden auch für die Fortbewegung der Fahrzeuge auszunutzen. Schmied und Fischer erfanden so die lose übergehängte Schraube als Fortbewegungsmittel von verblüffender Einfachheit: Von dem unter Deck stehenden Motor führte eine Ketten- oder Riemenübertragung nach einer in der Längsrichtung des Fahrzeuges über Deck nach dem Heck laufenden Welle. An dem Endpunkt dieser Welle hing seitlich vom Ruder die Schiffsschraube in einem Rahmen; die Triebwelle auf Deck wurde mit der Schraubenwelle durch eine Treibkette verbunden. Ende des Jahres 1900 war fast jeder von Fredrichshavn und Esbjerg ausfahrende Kutter mit einer solchen übergehängten Schraube versehen. Der Natur der Sache nach konnte diese Anordnung nur bei gutem Wetter im Betrieb sein; schon mäßiger Seegang bedingte ihre Außerbetriebssetzung. Man ging daher dazu über, die Schrauben fest einzubauen. Im Jahre 1903 hatte die Zahl der lose übergehängten Schrauben bereits stark abgenommen; im Jahre 1904 waren sie fast ganz einer fest eingebauten Schraubenanlage gewichen.

Es ist hier nicht der Raum, all die verschiedenen Stadien und auch Zufälligkeiten aufzuzählen, welche der geschichtlichen Entwicklung des kleinen Schiffsmotors bzw. Bootsmotors angehören. Neben den auf allen Anwendungsgebieten gesammelten vielseitigen Erfahrungen dürfen jedoch als für die konstruktive Entwicklung und Durchbildung besonders wertvoll diejenigen Ergebnisse genannt werden, welche jeweils der internationale und auch der deutsche Motorbootssport gezeitigt hat, weil hier höchste Leistung bei geringstem Gewicht unter stärkster Beanspruchung gefordert wurde.

In dem oben erwähnten Vortrage über Schiffs-Gasmaschinen vom Jahre 1909 wurde damals derjenige Entwicklungsabschluß als erreicht angesehen, welcher den gangbaren, technisch und wirtschaftlich überlegenen Kleinschiffsmotor gezeitigt und diesen zu einer selbständigen, von der ortsfesten Gestaltung unabhängigen Maschinenform entwickelt hat.

Mit Recht wurde in diesem Zusammenhang darauf hingewiesen, daß die Entwicklung der Schiffs-Gasmaschine wiederholt durch Fehlschläge verzögert worden sei, für die man zunächst das Wesen des Motors verantwortlich machen wollte, statt die Schuld in der ungenügenden Berücksichtigung der eigenartigen Anforderungen des Bordbetriebes bei der Konstruktion zu suchen. Demgegenüber wird der Grundsatz betont hervorgehoben: „Maßgebend ist für die Konstruktion allein der Verwendungszweck, der als Ausgangspunkt dienen muß!" — Solche Erkenntnis mußte dem Konstrukteur, welcher von dem vorhandenen Automobilmotor ausging, auf das Studium der anderweitigen Arbeitsbedingungen des Bootsmotors hinführen.

Ebenso berechtigt war der damalige Hinweis, daß dies Verkennen der andersartigen Arbeitsbedingungen des Bootsmotors und die hieraus sich ergebenden praktischen Rückschläge notwendig dahin führten, daß die gewerbliche Verwertung des Motors zum Schiffsantrieb in Deutschland nur langsam voranschritt und mehreren Zweigen des Kleinschiffahrtsbetriebes, welche für den Motorantrieb hervorragend geeignet sind, fast völlig fernblieb.

Allgemeine Vorzüge des Motors als Schiffsantriebsmaschine.

Der Verbrennungsmotor besitzt eine Reihe von ihm eigentümlichen allgemeinen Vorzügen, welche ihn als Antriebsmaschine für Wasserfahrzeuge von vornherein besonders geeignet erscheinen ließ. Sie seien hier, obgleich bekannt und auch dem Laien ohne weiteres einleuchtend, der Vollständigkeit halber im einzelnen aufgeführt:

1. Das in sich geschlossene Arbeitsverfahren der Spannungserzeugung und Spannungsverwertung an ein und derselben Stelle, nämlich im Arbeitszylinder, erlaubt eine gedrungene Bauart fabrikfertiger, vollständiger Maschineneinheiten, welche einbaufertig bei der Werft angeliefert werden.

Dadurch ergibt sich schon rein herstellungsmäßig eine fabrikatorische Überlegenheit über die Dampfmaschine, bei welcher für die Spannungserzeugung der Kessel, für die Spannungsverwertung die Maschine selbst erforderlich ist mit vielerlei Neben- und Hilfseinrichtungen. Beim elektrischen Antrieb liegt eine ähnliche Arbeitsteilung vor: Der Stromerzeugung im Generator, welcher seinerseits wiederum eine Antriebsmaschine erfordert, der Stromverwertung im Elektromotor, gegebenenfalls noch ergänzt durch eine Anlage zur Stromaufspeicherung in der Batterie.

Bei den Verbrennungsmotoren bildet nur der Sauggasmotor eine sinngemäße Ausnahme durch die erforderliche Unterteilung in den Gaserzeuger und den eigentlichen Motor. Diese Maschinenart hat sich deshalb auch nicht, trotz ihrer wirksamen Ausgestaltung und Durchbildung, welche mit dem Namen Emil Capitaine unlösbar verbunden ist, in nennenswertem Umfange in der Schiffahrt eingeführt. Ob unter den veränderten wirtschaftlichen Verhältnissen, welche gebieterisch die Ausnutzung aller Kraftquellen fordern, nicht auch dieser Antriebsart noch eine Zukunft bevorsteht, bleibe dahingestellt.

2. Die gedrungene Bauweise, welche für den Verbrennungsmotor durch dies in sich geschlossene Arbeitsverfahren möglich wird, erlaubt die Herstellung raum- und gewichtsparender Maschineneinheiten, welche damit den schiffbaulichen Anforderungen aufs weiteste entgegenkommen, und zwar um so mehr, je höher die Drehzahl gewählt werden kann.

3. Die verwendeten flüssigen Treibstoffe tragen weiterhin erheblich zu der Raum- und Gewichtsersparnis der Gesamtanlage bei; an Gewicht einmal dadurch, daß sie selbst von niedrigem spezifischem Gewicht sind, zweitens dadurch, daß die spezifischen Verbrauchsziffern der verschiedenen Motorenarten sehr geringe sind.

Die Raumersparnis der Treibstoffunterbringung gegenüber dem Raumanspruch der Kohlenbunker erhöht sich noch durch die willkommene Möglichkeit, den Betriebsmittelvorrat räumlich dort an Bord unterbringen zu können, wo eine anderweitige Raumausnutzung nicht in Betracht kommt.

4. Die stete oder mindestens kurzfristige Betriebsbereitschaft des Verbrennungsmotors hat aus praktischen Gründen sehr wesentlich zu seiner erfolgreichen Einführung in der Kleinschiffahrt beigetragen. Verleiht sie doch dem Motorschiff eine weitgehende wirtschaftliche Überlegenheit in den Unterhaltungskosten gegenüber einer Dampfmaschine, welche zur Inbetriebssetzung stundenlangen Anheizens, bei längeren oder kürzeren Betriebspausen des Dampfhaltens bedarf.

Diese augenblickliche Betriebsbereitschaft verbilligt und vereinfacht die Bedienung; sie macht eine vielseitige und zeitsparende Ausnutzung des ganzen Fahrzeuges möglich.

5. Das in sich geschlossene, sich selbst regelnde Arbeitsverfahren des Verbrennungsmotors enthebt ihn der ständigen Bedienung, vermindert vielmehr dieselbe auf ein so geringes Maß, daß — vom Dieselmotor abgesehen — eigentlich nur von einer Maschinenwartung gesprochen werden kann, zumal auch die Treibstoffzufuhr eine im allgemeinen selbsttätige ist.

Ebenso ist die Instandhaltung des Bootsmotors die denkbar einfachste, so daß sie wenig Zeitaufwand und geringe Kosten erfordert.

6. Die Gesamtbetriebskosten gleichartiger Fahrzeuge fallen daher für das Motorboot, auf die vergleichende Gesamtleistung eines gleich starken, gleich ladefähigen oder gleich schnellen Dampfbootes bezogen, sehr niedrig aus.

7. Die aus obigen Punkten sich ergebende einfache und gefahrlose Bedienbarkeit, wie Verwendbarkeit des Verbrennungsmotors hat die Benutzung der hier zur Betrachtung stehenden kleineren Krafteinheiten bisher von jedem Befähigungsnachweis für den Maschinenwärter frei gelassen.

Dieser Umstand hat in erheblichem Maße zu der schnellen Einführung des Verbrennungsmotors in die gewerbliche Kleinschiffahrt beigetragen.

8. Im Vergleich zur Dampfmaschine, welche die in den Heizstoffen gebundene Naturkraft erst mittelbar in mechanische Arbeit umwandelt, ist der thermische Wirkungsgrad des Verbrennungsmotors — je nach Treibstoff und Arbeitsweise — ein erheblich höherer, die Ausnutzung des Treibstoffes also eine wirkungsvollere, der Betrieb mithin ein wirtschaftlicherer.

Entwicklungsrichtungen.

Die Einführung des Bootsmotors in die Kleinschiffahrt hat, wenn man die Fahrzeuge in Betracht zieht, eine Entwicklung nach vier Hauptrichtungen genommen.

1. Der Bootsmotor wurde mit Erfolg bei einer ganzen Reihe von Fahrzeugarten der Binnen- und Küstenschiffahrt eingeführt, welche sich dahin mit Hilfe von unmittelbaren Naturkräften: Wind, Strom, animalischer Zug, Ruder oder Staken langsam und mühsam fortbewegt hatten; ihnen wurde er eine willkommene Hilfsmaschine, die je nach Umständen Kraft, Zeit, Arbeit und damit Geld sparte, außerdem aber die Fahrzeuge von den bisherigen natürlichen Triebkräften unabhängig, dadurch bewegungsfähiger und in ihrer wirtschaftlichen Ausnützung ertragreicher machte. Zu dieser Gruppe gehören namentlich die Fahrzeuge der erwerbenden Kleinschiffahrt: Fischerboote, Flußkähne, Fährboote; nicht zu vergessen die Segelfahrzeuge aller Arten und Größen, für welche erst der Verbrennungsmotor — nicht die Dampfmaschine — zur räumlich und betriebstechnisch einzig möglichen Hilfsmaschine wurde.

Hier müssen auch die früher mühselig mit selbstverleugnender Lebensgefahr betriebenen Rettungsboote an den Küsten aller Kulturstaaten erwähnt werden, deren Leistungsfähigkeit durch den motorischen Antrieb unverhältnismäßig gesteigert wurde und deren aufopfernde Bemühungen dadurch um so erfolgreicher geworden sind.

2. Anderseits ist es dem Bootsmotor bei manchen Gattungen von Wasserfahrzeugen gelungen, den dort ursprünglich üblichen Dampfantrieb aus wirtschaftlichen oder technischen Gründen entweder ganz zu verdrängen oder immerhin mit der Dampfmaschine erfolgreich in Wettbewerb zu treten. Zu dieser Gruppe gehören: die Marine-Beiboote, behördliche Inspektionsboote und auch Passagierboote auf Binnen- und Küstengewässern.

3. Durch Einführung der Verbrennungskraftmaschine in die Schiffahrt sind bestimmte Gattungen von Fahrzeugen, welche bis dahin auf den Schleppbetrieb angewiesen, also von anderen mechanisch getriebenen Schiffen abhängig waren, zu unabhängigen Selbstfahrern geworden, z. B. die Lastschiffe der Binnenwasserstraßen, sowie zum Teil die im Umschlagdienst üblichen Hafen- und Seeleichter. Dies Anwendungsgebiet erscheint noch sehr ausbaufähig.

4. Schließlich hat die konstruktive Ausgestaltung und betriebstechnische Vervollkommnung des Bootsmotors die Schaffung und Entwicklung ganz neuer Bootstypen gezeitigt, welche ohne das Vorhandensein solcher Antriebsmaschinen überhaupt nicht denkbar

wären. Hierzu gehören die Sport- und Rennboote, sowie eine ganze Anzahl für Kriegszwecke in Betracht kommende Fahrzeugtypen, nicht zuletzt das Unterseeboot. Eine stete Weiterentwicklung auf diesem Gebiet darf mit fortschreitender Schiffbau- und Motorentechnik erwartet werden.

Gegenwärtiger Stand.

Heutzutage ist der Bootsmotor nach über dreißigjähriger Konstruktionsentwicklung auf Grund der vielseitigen Ansprüche und Erfahrungen grundsätzlich durchgebildet und vollständig betriebssicher ausgestattet, auch schon in weitgehender Weise den verschiedenen Verwendungszwecken durch Ausbildung von Sondertypen angepaßt. Als einheitliche, zwar rein äußerliche, aber immerhin für das ganze Anwendungsgebiet bedeutsame Ausführungsform normaler Bootsmotoren sei hier die stehende Zylinderanordnung und das überwiegend öldicht geschlossene Kurbelgehäuse erwähnt, welche den an Bord gegebenen räumlichen Aufstellungs- und Bedienungsverhältnissen bestens entspricht.

Die deutsche Motorenindustrie hat Bootsmotoren der verschiedensten Gattungen in reicher Mannigfaltigkeit entwickelt; ihre Bauarten und deren Wirkungsweise ist in verschiedenen Fachwerken beschrieben, so daß hierauf im Einzelnen einzugehen sich erübrigt.

Mag es auf den ersten Blick schwer erscheinen, aus der reichhaltigen Musterkarte erhältlicher Motortypen für einen vorliegenden Sonderzweck die im Einzelfall konstruktiv und betriebstechnisch geeignetste Maschine auszuwählen, so seien nachstehend die Gesichtspunkte erläutert, welche im jeweiligen Falle für die Auswahl der geeignetsten Maschine maßgebend sein müssen.

Unberücksichtigt hierbei bleibt in dieser Abhandlung der für die Wirtschaftlichkeit in vielen Fällen ausschlaggebende Beschaffungspreis; es sind also nur technische Gesichtspunkte berücksichtigt. Diese werden jedoch bei sachkundiger gründlicher Prüfung vielfach stark beeinflußt durch die Kostenfrage der jeweils in Betracht kommenden Betriebsmittel und die Kosten für die je nach der Motorenart erforderlichen Bedienungskräfte. Während die Kosten der Beschaffung einmalige sind, sind diejenigen der Betriebsmittel und Bedienung dauernde. Häufig genug wird selbst ein wesentlich höherer Beschaffungspreis durch die laufenden Kostenersparnisse der Betriebshaltung mehr als ausgeglichen werden.

Im Anschluß an die durchgeführte Untersuchung der Gesichtspunkte der Auswahl sollen auch diejenigen Gesichtspunkte erläutert werden, welche unter gewöhnlichen Voraussetzungen für den sachgemäßen Einbau einer Motoranlage an Bord maßgebend sind.

A. Praktische Gesichtspunkte für die Auswahl eines Bootsmotors.

Für die im jeweiligen Fall zu treffende Auswahl des geeignetsten Motors ist nicht nur die Motoranlage selbst auf ihre Eignung hin zu untersuchen, sondern im gleichen Maße muß bei der Auswahl berücksichtigt werden, inwieweit die in Betracht kommenden Motortypen mit der Eigenart des zugehörigen Bootes zusammenpassen. Die Untersuchung muß sich also zunächst auf die Auswahl unter den Motortypen selber, alsdann auf die schiffbaulichen Gesichtspunkte des betreffenden Fahrzeuges erstrecken.

I. Allgemeine Anforderungen.

An jede Motoranlage, welche als Antriebsmaschine für den Bordbetrieb geeignet sein soll, sind bestimmte grundsätzliche Anforderungen zu stellen, welchen unter allen Umständen entsprochen werden muß. Es sind dies:

Höchste Betriebssicherheit,
Sichere Manövrierfähigkeit,
Weitgehende Gangregelung,
Einfache Bauart,
Gute Zugänglichkeit aller Teile,
Weitgehende Auswechselbarkeit,
Wirtschaftliche Betriebsverhältnisse,
Geringer Raumbedarf,
Geringer Gewichtsbedarf.

Die drei erstgenannten Anforderungen ergeben sich aus der Eigenart der Schiffahrt und der Bordbetriebsverhältnisse. Die Sicherheit von Schiff und Ladung erfordern, daß die Zuverlässigkeit der Hauptmaschine über jeden Zweifel erhaben ist; Bedienung, Wartung und Instandhaltung müssen sich daher so übersichtlich und einfach wie möglich gestalten.

Weiterhin ist es nötig, daß geringfügige Störungen mit Bordmitteln ohne Mühe behoben werden können; ja bei weiterem Fahrtbereich müssen auch kleinere Schäden durch Auswechslung unbrauchbar gewordener Teile behoben werden können. Deshalb muß eine einfache, übersichtliche Bauart gefordert werden, welche in der guten Zugänglichkeit der ganzen Maschinenanlage zum Ausdruck kommt. Diese Zugänglichkeit muß auch bei der Einbauanordnung an Bord erhalten bleiben. Sie wird durch die weitgehende Auswechselbarkeit der Einzelteile, welche sich bei der neuzeitlichen Reihenfertigung von selbst ergibt, aufs wertvollste ergänzt.

II. Technische Unterschiede der Motortypen.

Die für die Wahl ausschlaggebenden Unterschiede der Motortypen erstrecken sich auf die zur Verfügung stehenden Betriebsstoffe, das konstruktive Arbeitsverfahren, den Arbeitsgang, die Bauart, die Manövrierfähigkeit und die Bedienungsverhältnisse an Bord.

1. Unterschiedliche Eigenart der Motorgattungen nach Betriebsstoffen.

Nach dem heutigen technischen Stande ist in der Hauptsache zu unterscheiden zwischen Bootsmotoren, welche sich für den Betrieb mit leichtflüchtigen Brennstoffen mittels Vergaser und Zündeinrichtung (nachstehend als „Vergasermotoren" bezeichnet) oder zum Betriebe mit schwerflüchtigen Brennstoffen durch Glühzündung (nachstehend als „Glühkopfmotoren" bezeichnet) oder schließlich zum Betriebe mit schwerflüchtigen Brennstoffen nach dem Gleichdruckverfahren (nachstehend als „Dieselmotoren" bezeichnet) eignen.

Wie auf allen Entwicklungsgebieten gibt es auch hier Spielarten zwischen diesen Hauptgruppen, welche teils in der Mitte stehen, teils mehr der einen oder anderen Hauptart verwandtschaftlich angehören.

a) Vergaserbootsmotoren.

Bei den bekannten Vergaserbootsmotoren fließt der Brennstoff dem Vergaser unter Überdruck oder Gefälle zu und wird in demselben mit der erforderlichen Frischluft bzw. Nebenluft — nötigenfalls unter Vorwärmung — gemischt, um nach geschehener Kompression im Zylinderkopf durch Zündung zur Explosion zu kommen und damit zur Beschleunigung des Arbeitskolbens zu dienen, also Arbeit zu leisten.

Während ursprünglich die Glührohrzündung, dann die Abreißzündung im Gebrauch war, ist heutzutage die elektrische Hochspannungszündung durchweg gebräuchlich. Die elektrische Zündung in höchster Zuverlässigkeit marktgängiger Typen durchgebildet zu haben, ist ein sehr beträchtliches Ruhmesblatt der deutschen Elektro-Kleintechnik. Der hierzu erforderliche Hochspannungs-Magnetapparat wird vom Motor selbst angetrieben; der Zündfunken bildet sich an der in den Kompressionsraum hineinragenden Zündkerze. Während früher, als die Hochspannungs-Magnetzündung noch nicht unbedingt zuverlässig war, für Boote mit hoher Betriebssicherheit als Reserve außerdem eine Batteriezündung vorgesehen wurde, wird heutzutage nur noch in besonderen Fällen eine Doppelzündung in der Weise vorgesehen, daß die Motoranlage mit 2 Magnetapparaten ausgestattet und jeder Arbeitszylinder mit 2 Zündkerzen versehen wird.

Diese Sicherheitsmaßnahme kommt jedoch nur für Fahrzeuge in Betracht, bei denen keinerlei Betriebsstörung, auch unter erschwerten Umständen, zugelassen werden darf, z. B. Motorboote zu Kriegszwecken und namentlich Motorrettungsboote. Für die üblichen Motorboote zu gewerblichen oder sportlichen Zwecken ist diese Vorkehrung nicht erforderlich, sondern eine einfache Zündeinrichtung vollständig ausreichend.

Als Betriebsstoffe für Vergaserbootsmotoren kommen Leicht- und Schwerbenzin, Benzol, Benzolspiritus und Lampenpetroleum, sowie Benzolpetroleumgemische in Betracht. Mit reinem Tetralin angestellte Betriebsversuche haben nur unter bestimmten Voraussetzungen zu brauchbaren Ergebnissen geführt, welche jedoch eine allgemeine Anwendung ausschlossen. Das in der Nachkriegszeit auf den Markt gekommene Benzolpetroleumgemisch hat zunächst vielfach zu Betriebsstörungen geführt, bis es der Motorenindustrie gelang, durch Anpassung der Querschnittsverhältnisse, Düsenänderung, Vergasereinstellung, Vorwärmung und andere Hilfsmittel sich den Schwierigkeiten der Vergasung dieser Betriebsmittel anzupassen.

Auf die Dauer aber hat sich diese Verwendung von Schwerölgemischen, welche wegen ihrer Kostenersparnis gegenüber reinem Benzin- oder Benzolbetrieb so verlockend erschien, nicht bewährt wegen der untrennbar damit verbundenen störenden und der Lebensdauer der Motoren abträglichen Nebenerscheinungen. Diese beruhen darauf, daß bei der Zündung des Gemisches zuerst die leichtflüchtigen Treibstoffteilchen verbrennen, derweilen verlieren die Schwerölteilchen des Gemisches an Wärme und schlagen sich an den Zylinderwandungen nieder, waschen allmählich die Schmierölschicht an der Zylinderwand wie den Kolbenringen fort und gelangen schließlich durchsickernd tropfenweise in das Kurbelgehäuse, wo sie sehr bald das sich dort sammelnde Schmieröl zersetzen. Dieses muß häufig erneuert werden, wenn der erforderliche geregelte Schmierölrundlauf gesichert bleiben soll; also erhöhter Kostenaufwand für Schmieröl, erhöhte Anforderungen an Wartung und Bedienung, erhöhte Gefahr von empfindlichen Betriebsstörungen!

Die Betriebsmittelverbräuche moderner Vergaserbootsmotoren stellen sich durchschnittlich wie folgt:

Leichtbenzin	0,26 kg	
Schwerbenzin } Benzol }	0,28 „	für die Bremspferdekraft und Stunde.
Lampenpetroleum	0,33 „	
Benzolspiritus	0,45 „	

Die bisher gezeitigten Ergebnisse mit Leichtmetallkolben einerseits, mit überdimensionierten Motoren andererseits haben wichtige Fortschritte in der Treibstoffwirtschaft gezeitigt, insofern bei Vergasermotoren eine durchschnittliche Leistungssteigerung über 20 % bei gleichzeitiger Treibstoffersparnis bis zu 16,7 % erreicht wurden; jedoch sind die Erfahrungen über die Wirksamkeit und Lebensdauer von Leichtmetallkolben, ferner über deren Bauart und Formgebung noch nicht abgeschlossen.

Obige Zahlenreihe läßt erkennen, daß die Art des zu verwendenden Betriebsstoffes nicht nur von großem Einfluß auf die Wirtschaftlichkeit der betreffenden Maschinenanlage im Dauerbetriebe ist, sondern sich auch hinsichtlich des Raum- und Gewichtsanspruches für die mitzuführenden Betriebsmittelvorräte sehr geltend macht. Letztere Frage wird im zweiten Hauptabschnitt zu besprechen sein.

Für die Wahl der Motortype ist der im jeweiligen Verwendungsgebiet des Bootes erhältliche Betriebsstoff von großer Bedeutung. Vor dem Kriege waren alle angeführten Betriebsstoffe in Deutschland erhältlich. Ausschlaggebend war damals für die Wahl die Preisfrage der verschiedenen Betriebsmittel, also die Wirtschaftlichkeit erster Ordnung. Während des Krieges war die Heeres- und Marineverwaltung je länger, je mehr gezwungen, zum reinen Benzolbetrieb überzugehen. Er forderte ein Neueinstellen der Vergaser und brachte zunächst betriebstechnische Schwierigkeiten durch baldiges Verrußen der Zündkerzen. Diese Störungen wurden jedoch durch geeignete Maßnahmen, welche sich namentlich auf Düseneinstellung und Luftregulierung erstreckten, überwunden, so daß der Benzolbetrieb heute keinerlei Schwierigkeiten mehr bietet.

Der Vorzug des Benzinbetriebes ist, abgesehen von der niedrigen Verbrauchsziffer für die Krafteinheit, seine absolute Geruchlosigkeit, was sich namentlich in offenen, dem Sport dienenden Booten angenehm bemerkbar macht. Nachteil dieses leichtflüchtigen Betriebsmittels ist die geringere Feuersicherheit, weshalb Benzinmotoren im Bereich der Marine schon vor dem Kriege so gut wie gar nicht mehr verwendet wurden. Diese Gefahr liegt auch auf größeren gedeckten Sportfahrzeugen mit geschlossenem Motorraum vor. Die Seeberufsgenossenschaft nimmt deshalb dieser Betriebsart gegenüber aus Sicherheitsgründen eine vorsichtige Stellung ein.

Der Betrieb mit Lampenpetroleum, welcher im allgemeinen zur Verhütung von Frühzündung die Verwendung niedrigerer Kolben, also eine Vergrößerung des Kompressionsraumes bedingt, bringt bei gleichbleibender Drehzahl des Motors einen Kraftleistungsverlust von rund 10 v. H. gegenüber der Schwerbenzinleistung mit sich. Im allgemeinen laufen Vergaser-Petroleummotoren bei erhöhter Drehzahl entsprechend besser, so daß also auch die ursprüngliche Bremsleistung im Petroleumbetrieb wieder erreicht werden kann. Dies hängt einmal von der Überlastbarkeit der Motorkonstruktion, zum andern von der Art und dem Verwendungszweck des betreffenden Fahrzeuges ab.

Der Betrieb mit Lampenpetroleum hat zwar den Vorteil der geringeren Feuergefährlichkeit, dafür aber den Nachteil des penetranten Geruchs, woraus eine gewisse Voreingenommenheit gegen Petroleumbootsmotoren auf Sportfahrzeugen erklärlich ist. Auf Fischereifahrzeugen war er bis zur Einführung neuzeitlicher Schwerölmotoren der überwiegende.

Technisch hat der Petroleumbetrieb den Nachteil, daß es bisher nicht gelungen ist, Petroleummotoren kalt vom Stand aus ohne Anwärmen in Betrieb zu setzen. Wird dies aus Gründen der Betriebsbereitschaft verlangt, so müssen derartige Bootsmotoren im Benzin- oder Benzolbetrieb angelassen und, nachdem sie in wenigen Minuten genügend durchwärmt sind, für den Dauerbetrieb auf Lampenpetroleum umgeschaltet werden. Hierzu ist die Anordnung eines Doppelschwimmers erforderlich. Es ist dies also ein Aushilfsmittel, welches die leicht entflammbaren Betriebsstoffe nicht gänzlich ausschaltet. Andernfalls muß auch bei solchen Maschinen das Anwärmen mittels Heizlampe platzgreifen, wie dies bei den Glühkopfmotoren bisher durchweg der Fall ist.

Diese Hilfseinrichtung hat zwei wesentliche Nachteile: der erste ist betriebstechnischer Natur, indem zum Anwärmen eine Zeit von durchschnittlich 10—15 Minuten erforderlich ist, ehe der Motor zum Anspringen gebracht werden kann. Die Fahrbereitschaft der Maschine ist also nur eine bedingte. Der andere Nachteil ist in der Feuergefährlichkeit der Heizlampe zu suchen, mit der im Motorraum hantiert werden muß. Diese Gefährlichkeit ist eine um so größere, wenn es sich um hölzerne Fahrzeuge und gar um solche mit gedeckten oder geschlossenen Maschinenräumen handelt.

Der Betrieb mit Benzol-Spiritus ist an und für sich bei gewöhnlichen Vergaser-Bootsmotoren unter entsprechender Berücksichtigung der Düsenänderungen und der Änderung der Kompressionsverhältnisse ohne weiteres möglich; er ist jedoch mit Rücksicht auf die außerordentlich hohe spezifische Verbrauchsziffer für die Krafteinheit im allgemeinen sehr unwirtschaftlich. Auch bei diesem Betrieb ist es mit Rücksicht auf die Lebensdauer der Maschine angezeigt, Doppelschwimmer anzuordnen, um beim Anfahren und Abstellen auf reinen Benzin- bzw. Benzolbetrieb umzuschalten, da andernfalls Kolben- und Zylinderräume durch die Verbrennungsrückstände angegriffen werden und die im Spiritus enthaltene Essigsäure leicht starke Rostbildung erzeugt. Weitere Schwierigkeiten des Benzolspiritusbetriebes sind das Dickflüssigwerden bei Kälte und die Unbequemlichkeit des Zusammenmischens in einem bestimmten Mengenverhältnis. Dieser Treibstoff kommt heute kaum mehr in Frage, zumal er früher schon nicht überall und nicht immer in dem richtigen Mischungsverhältnis erhältlich war.

b) Glühkopfmotoren.

Die im letzten Jahrzehnt in der Erwerbsschiffahrt auf Binnen- und Küstengewässern in stets wachsendem Umfange in Aufnahme gekommenen Glühkopfmotoren haben nächst ihren weiter unten angeführten konstruktiven Vorzügen diese Entwicklung hauptsächlich dem Umstand zu verdanken, daß sie zu ihrem Betrieb die preiswerten Schweröle im spezifischen Gewicht von 0,83 bis 0,88 verwenden. Dieser wirtschaftliche Vorzug bleibt auch bestehen, obgleich die Betriebsmittel-Verbrauchsziffern, auf die PS.-Std. umgerechnet, im gewöhnlichen Dauerbetrieb erheblich höher sind, als dies für die Vergasermotoren zutrifft. Für kleinere Ein- und Zwei-Zylindermotoren beträgt diese Verbrauchsziffer im Durchschnitt rund 400 g für die PS.-Stad., bei den größeren Typen liegt sie etwa bei 0,35 kg. Die Preissteigerung der leichtflüchtigen Treibstoffe hat die wirtschaftliche Überlegenheit der Schwerölmotoren in den Nachkriegsjahren noch erheblich gesteigert. Hierdurch haben sich die Anwendungs- und Absatzgebiete der Rohöl-, Glühkopf- und Halbdieselmotoren außerordentlich erweitert.

Die praktische Überlegenheit und vielseitige Verbreitung der Glühkopfmotoren beruht auf ihrer einfachen Bauart und Wirkungsweise, welche eine derbe Behandlung zuläßt und eine dauernde Wartung unentbehrlich macht, so daß besonders vorgebildetes Bedienungspersonal nicht benötigt wird, sondern die Bedienung durch angelernte Leute nebenbei erledigt werden kann.

Der Arbeitsvorgang ergibt schwere, langsamlaufende Maschinen, deren Drehzahl einen den Widerstandsverhältnissen der hierfür hauptsächlich in Betracht kommenden Fahrzeuggattungen der Erwerbsschiffahrt günstigen Schraubenwirkungsgrad ergibt.

Wesentlich für die Einführung in die Erwerbsschiffahrt wirkte der Umstand, daß die zum Betrieb verwendeten Schweröle nicht feuergefährlich sind. Die einzige Gefahrenquelle bildete die zum Anheizen erforderliche, mit Spiritus betriebene Blaselampe. Die Klassifikationsgesellschaften und die Seeberufsgenossenschaft schreiben deshalb besondere Sicherheitsmaßnahmen vor, dahin lautend, daß die dauernde Verwendung einer solchen offenen Heizlampe zum Betriebe des Verbrennungsmotors nur gestattet wird, wenn letzterer in einem offenen Bootsraum aufgestellt ist. Zum Inbetriebsetzen von Motoren, bei denen der Entflammungspunkt des Betriebsstoffes über 30 Grad C liegt, kann die offene Heizlampe vorübergehend auch in geschlossenem Maschinenraum gebraucht werden, wenn sie während der Benutzung unter Aufsicht bleibt und mit dem Motor fest verbunden wird.

Dieser Anheizvorgang bedeutet aber auch in der Richtung einen schwachen Punkt, als durch denselben stets merklicher Zeitverlust entsteht, da die Erwärmung mindestens 10—15 Minuten erfordert, ehe die Maschine in Betrieb gesetzt werden kann. Man hat dem abzuhelfen versucht durch eine elektrische Behelfszündeinrichtung zum Anlassen mit Benzin. Hierdurch wird die gefürchtete Feuergefährlichkeit unzulässig erhöht. Außerdem ist die elektrische Einrichtung zu empfindlich für derbe Behandlung.

Eine praktisch bedeutsame Verbesserung in dieser Richtung scheint die neuerdings in Aufnahme gekommene Anschießvorrichtung System „Mox" zu bedeuten, welche sich einer in den Zündkopf eingesetzten Thermitpatrone bedient. Letztere wird mittels Abreißzündung in Brand gesetzt und damit zur Weißglut gebracht. In den Glühkopf wird als Wärmeleiter ein Kupferbolzen eingebohrt, welcher nach außen als eine Schale zum Aufnehmen der obengenannten Patrone ausgebildet ist. Somit ist es möglich, alle jetzt im Gebrauch befindlichen, bisher mit Anheizlampe bedienten Glühkopfmotoren ohne großen Kostenaufwand mit der neuen Anheizvorrichtung zu versehen. Die Heizwirkung der Mox-Patrone auf den Glühkopf ist eine augenblickliche, so daß mit einer sofortigen Betriebsbereitschaft zu rechnen ist. Diese Möglichkeit gestattet daher, künftig in Betriebspausen den mit längerem Leerlauf erforderlichen Treibstoffaufwand zu ersparen, welchen man bisher vielfach in Kauf nahm, um das lästige und zeitraubende abermalige Anwärmen der Maschine zu vermeiden. Selbstverständlich wird durch solche unmittelbare Betriebsbereitschaft, wie sie mit der Citotherm-Anheizvorrichtung gegeben ist, die wirtschaftliche Ausnutzbarkeit und seemännische Unabhängigkeit der mit Glühhaubenmotoren ausgestatteten Fahrzeuge außerordentlich gesteigert.

Das Anwerfen der Glühhaubenmotoren ist nur bei den kleineren Einheiten von Hand möglich und geschieht meistens durch einen Schwinghandgriff am Schwungrad; dies ist bei Zweitaktmaschinen leichter als beim Viertakter. Größere Maschinen müssen mechanisch angelassen werden, wozu meistens Druckluft benutzt wird.

Zum Betrieb der Glühkopfmotoren empfiehlt sich unter den heutigen wirtschaftlichen Verhältnissen im allgemeinen das sogenannte Gasöl, während die Verwendung von Steinkohlenteeröl, welches als einheimisches Nebenerzeugnis unserer Gasanstalten und Kokereien noch billiger wäre, einstweilen noch technische Schwierigkeiten verursacht.

Als Betriebsmaschine ist der Zweitakter einfacher als der Viertakter, daher im Anschaffungspreis auch niedriger und der Treibstoffverbrauch geringer, der Schmierölverbrauch dagegen größer.

Als ein weiterer Nachteil der Glühhaubenmotoren muß von dem bordbetriebstechnischen Gesichtspunkt die leichte Möglichkeit des Erkaltens der Glühhaube bei halber Last und Leerlauf, also unerwarteter Stillstand der Maschine und damit Manövierunfähigwerden des ganzen Fahrzeuges, bezeichnet werden.

Manche dieser Motoren, besonders Zweitakttypen, werden mit einer Wasserspritzvorrichtung versehen, welche einmal eine wirtschaftlichere Ausnutzung des Betriebsstoffes ermöglichen, zum anderen einer zu großen Erwärmung bei Vollast im Dauerbetrieb und dadurch dem Schadhaftwerden des Glühkopfes vorbeugen soll, bzw. ermöglicht diese Einrichtung eine gewisse Überlastbarkeit der Maschine. Diese zusätzliche Wassereinspritzmenge wird entweder von Hand oder durch eine vom Motor selbst angetriebene Wasserpumpe geregelt. Die Anordnung derartiger Wassereinspritzvorrichtungen hat bei seegehenden Fahrzeugen den Einbau eines besonderen Frischwasserentnahmebehälters zur Voraussetzung, da salzhaltiges Wasser wegen der bei der Verdampfung eintretenden Ablagerungen nicht verwendet werden kann. Das neuzeitliche Bestreben geht dahin, diese Wassereinspritzvorrichtung durch zweckmäßige Gestaltung des Glühkopfes entbehrlich zu machen.

c) Hochdruckmotoren und Halbdieselmotoren.

Als ein Zwischenglied, welches die Vorteile des Glühkopf- und des Dieselmotors zu vereinigen, ihre Nachteile aber zu vermeiden sucht, muß der Bronsmotor genannt werden, welcher — ursprünglich holländischer Herkunft — von der Gasmotorenfabrik Deutz in besonderer Qualität praktisch durchgebildet und in der Erwerbsschiffahrt erfolgreich zur Einführung gebracht worden ist.

Die Bronsmaschine ist gewissermaßen ein Halbdieselmotor; sie kann die Einblaseluftpumpe entbehren, da der Brennstoff in einer nischenartigen Kapsel am Zylinderdeckel abgelagert, teils vergast und teils zerstäubt zur Entzündung gebracht wird. Das Anlassen der Maschine muß mit Druckluft erfolgen, welche durch einen Kompresser erzeugt und in einer Luftflasche aufgespeichert wird.

Der Bronsmotor zeichnet sich durch einfache Bedienung aus.

Besonderer Erwähnung als einer Eigenart bedürfen auch die von den Motorenwerken Mannheim herausgebrachten Hochdruck-Rohölmotoren, welche nach dem Viertaktverfahren arbeiten. Zu ihrem Betriebe können alle Dieselmotoren-Treiböle verwendet werden, auch Braunkohlenteeröl. Im Gegensatz zu den Dieselmotoren erfolgt die Brennstoffeinführung ohne Zuhilfenahme von Druckluft, während die Entzündung des zerstäubten Treibstoffes wie beim Dieselmotor durch die hoch erhitzte verdichtete Luft erfolgt. Das Anlassen erfolgt durch Druckluft.

Außerdem haben sich neuerdings eine Anzahl von kompressorlosen Halbdieselmotoren für Schwerölbetrieb entwickelt, welche den Glühkopfmotoren überlegen sind, aber der sorgfältigen Wartung, welche der reine Dieselmotor erfordert, entraten können.

d) Sauggasmotoren.

Die von Emil Capitaine erfolgreich entwickelten und in früheren Jahren auch in die Schiffahrt eingeführten Sauggasmotoren haben sich in nennenswertem Umfange nicht einzuführen vermocht unter den damaligen wirtschaftlichen Verhältnissen.

Abzuwarten bleibt immerhin, ob bei den auch in die Brennstoffwirtschaft der einzelnen Länder eingetretenen, tief eingreifenden Veränderungen dem Sauggasmotor nicht noch neue belangreiche Entwicklungsaussichten erwachsen, namentlich dort, wo die aus Hartholz gewonnene Holzkohle billig erhältlich ist.

e) Dieselmotoren.

Diese im Gleichdruckverfahren arbeitenden Verbrennungskraftmaschinen verwenden zu ihrem Betrieb ebenfalls schwerflüchtige und daher nicht feuergefährliche Treibstoffe. Und zwar liegt der wirtschaftliche Vorteil im Betrieb der Dieselmotoren einmal darin, daß sie die billigen Treiböle verzehren, zum anderen, daß der spezifische Betriebsmittelverbrauch für die Krafteinheit bei dieser Maschinenart ein wesentlich niedrigerer ist als bei den Vergaser- oder gar bei den Glühkopfmotoren; werden doch praktisch Verbrauchsziffern im Dauerbetriebe von 190 gr/PS. und weniger erreicht.

Als Treiböle für Dieselmotoren kommen:
1. die Destillate und Rückstände der Erdöle,
2. die Paraffinöle (Braunkohlendestillate) und
3. aus der Steinkohle gewonnene Teeröle,
4. pflanzliche Öle,
5. tierische Öle,
6. Spiritus,
7. Lampenpetroleum

in Betracht.

Der Betrieb mit Steinkohlenteeröl hat nach dem bisherigen Entwicklungsstande die Vorwärmung des Treibstoffes und ein Anfahren der Maschine mit Zündöl (Gasöl) zur Voraussetzung. Da der Betrieb einer Schiffsmaschine jederzeitige volle Manövrierfähigkeit zur Bedingung macht, kommt daher dieser Treibstoff praktisch noch kaum in Betracht.

Der Nachteil des reinen Dieselmotors, welcher notwendigerweise mit einem mehrstufigen Hochdruckkompressor ausgestattet sein muß, liegt für Fahrzeuge der Kleinschiffahrt in dem Umstand, daß er wegen der hochgespannten Luft dauernde Überwachung durch technisches Personal erfordert, also eine wirtschaftliche Belastung, welche Fahrzeuge der kleinen Erwerbsschiffahrt nur in Ausnahmefällen tragen können.

Zusammenfassung:

Nach der Betriebsmittelfrage beurteilt, kommen für leichte Boote mit schnellaufenden Motoren nur Vergaserbootsmotoren für leichtflüssige Brennstoffe in Betracht, während für schwere Fahrzeuge, welche langsamlaufende Maschinen verwenden können, der Schwerölbetrieb der finanziell wirtschaftlichere und betriebssicherere sein wird. Inwieweit hier Glühkopfmotoren oder Dieselmotoren von Fall zu Fall der Vorzug zu geben sein soll, wird weiter unten untersucht werden.

2. Unterschiedliche Eigenart der Motorgattungen nach dem konstruktiven Arbeitsverfahren.

Unter konstruktives Arbeitsverfahren ist hier der technische Vorgang bei der Umwandlung der Betriebsmittel in die arbeitsleistende mechanische Energie verstanden.

Allgemein gesprochen besteht im Vergleich zu der landläufig bekannten Dampfmaschine der Hauptunterschied bei den Verbrennungskraftmaschinen darin, daß bei der Dampfmaschine der die Arbeit leistende Dampf in einer besonderen Vorrichtung, dem Kessel, erzeugt und schon in der gehörigen Spannung der Maschine zur Arbeitsleistung zugeführt wird. Bei der Verbrennungskraftmaschine hingegen finden beide Vorgänge — die Erzeugung der Arbeitsspannung und die Arbeitsleistung selber in der Maschine — in unmittelbarer Zeitfolge hintereinander statt. Nachstehend seien die Unterschiede zwischen den drei Hauptgattungen der hier in Betracht kommenden Verbrennungskraftmaschinen in der Art der Erzeugung der erforderlichen Arbeitsspannung erläutert:

a) Vergasermotoren: Bei diesen Maschinen für leichtflüssige Brennstoffe wird das Gemisch in einer Nebeneinrichtung, dem Vergaser, durch Zerstäuben des Betriebsstoffes und dessen ausreichende Mischung mit Hauptluft bzw. Nebenluft erzeugt und — nach Bedarf vorgewärmt — dem Zylinderkopf durch die Ansaugeleitung im Saugehub des Kolbens zugeführt. Die Erzeugung der erforderlichen Arbeitsspannung erfolgt, je nachdem die Maschine im Zweitakt oder im Viertakt arbeitet, nach geschehener Kompression durch Verbrennung des Gemisches, eingeleitet mittels künstlicher Zündung, welcher die Verpuffung oder Explosion und damit die Expansion und Arbeitsleistung folgt. Die Zündung der Vergasermotoren erfolgt heute durchweg unter Verwendung eines Hochspannungszündapparates.

b) Glühkopfmotoren: Bei dieser mit Schweröl arbeitenden Motorgattung muß wegen der geringeren Vergasung der schwerflüchtigen Betriebsmittel und der demgemäß langsameren Gemischbildung die Entzündung des komprimierten Gemisches auf anderem Wege erfolgen. Wie schon die Gattungsbezeichnung besagt, wird bei diesen Motoren gewöhnlich eine kompakte, am Kopf des Arbeitszylinders angeordnete Eisenmasse durch Anheizung mittels einer Windkessellampe in leichte Rotglut versetzt, so daß sich das komprimierte Gemisch an dem glühenden Eisenkopf entzünden und in der Verpuffung Arbeit leisten kann. Die in der Verpuffung auftretende starke Erhitzung wird zur Neuerwärmung des Glühkopfes dauernd benutzt und auf diese Weise fortdauernde Rotglut gewährleistet, so daß das Anheizen mittels Lampe nur für die Inbetriebsetzung in Betracht kommt.

Arbeiten auch bekanntlich die Glühkopfmotoren insofern unwirtschaftlich, als sie hohe spezifische Verbrauchsziffern aufweisen, so wird dies doch in weitgehendem Maße durch die Verarbeitung der stets — auch unter den heutigen geänderten Verhältnissen — sehr viel billigeren Schweröle ausgeglichen. Ihre weitgehende Einführung in die Erwerbsschiffahrt, welche von England und Skandinavien ausging und heute die Welt umspannt, verdanken diese Maschinen ihrer hohen Betriebssicherheit bei einfacher Bauart und bescheidensten Ansprüchen und Bedienung.

c) Dieselmotoren: Diese im Gleichdruckverfahren arbeitenden Verbrennungskraftmaschinen können sowohl der komplizierten Nebeneinrichtung einer elektrischen Zündung, wie des feuergefährlichen Gebrauchs einer Anheizlampe entraten. Bei ihnen wird die Zündung des Gemisches durch die im Kompressionshub gewonnene Verdichtungswärme der hochgespannten Luft gewonnen, welche den unter noch höherem Überdruck eingespritzten Brennstoff zur Verbrennung bringt.

Das Arbeitsverfahren des Dieselmotors ist demgemäß das vom technisch-physikalischen Standpunkt aus vollkommenste.

3. Unterschiede im Arbeitsgang.

Unter Arbeitsgang ist in dieser Betrachtung das Arbeiten der Motoren „im Zweitakt" oder „im Viertakt" verstanden. Beide Arbeitsgänge kommen bei allen drei Motorgattungen vor. Im allgemeinen kann gesagt werden, daß beim Zweitakt alle Motoren konstruktiv einfacher und fabrikatorisch billiger werden, da die komplizierten Ventilanordnungen zum großen Teil in Fortfall kommen. Auf den ersten Blick erscheint der Zweitaktmotor der wirtschaftlich überlegenere, da er schon bei jedem zweiten Hub eines Arbeitscylinders Arbeit leistet, während dies bei den Viertaktmaschinen erst im vierten Hub der Fall ist. In der praktischen Ausführung sind gleichstarke Zweitaktmaschinen im allgemeinen im Gewicht leichter, wie Viertaktmotoren, was sich ohne weiteres aus der einfacheren Bauart dieser Maschinen erklärt. Dagegen ist der Betriebsmittelverbrauch der Zweitaktmotoren wegen des ungeregelten Arbeitsganges ein merklich größerer wie bei Viertaktmaschinen.

Während im allgemeinen die Verbrennungskraftmaschine im einfach wirkenden Zweitakt oder im einfach wirkenden Viertakt arbeiten, ist bei größeren Ölmaschinen der Versuch des doppeltwirkenden Zweitaktes und des doppeltwirkenden Viertaktes angebahnt worden.

Auf dem Gebiet des Vergaserbootsmotorenbaues wiegt bei den deutschen bekannten Fabrikaten der Viertaktmotor vor, während namentlich in Amerika Zweitaktmotoren für leichtflüssige Brennstoffe verbreitet sind. Unter den deutschen Vergaser-Bootsmotoren sind als Zweitakter am bekanntesten die „B. u. B."-Typen der Firma Bohn & Kähler, Kiel, welche diese Maschinen in verschiedenen

Stärken und neuerdings auch in gekapselter Ausführung herausbringt. Bei Glühhaubenmotoren und Dieselmotoren findet man auch bei deutschen Erzeugnissen beide Arbeitsverfahren gleichmäßig vertreten.

4. Unterschiede in der Bauart.

Unter Bauart ist in dieser vergleichenden Untersuchung die allgemeine Gesamtanordnung, nicht die konstruktiven Einzelheiten, in deren Vergleich hier nicht eingetreten werden soll, verstanden. Zunächst ist zu unterscheiden zwischen der stehenden und liegenden Bauart, also horizontale oder vertikale Anordnung der Arbeitszylinder.

Bei Schiffsmotoren ist die stehende Bauart die allgemeine und am weitesten verbreitete. Liegende Bauart kommt nur für Sonderausführung in den seltensten Fällen in Betracht. Der Vollständigkeit halber sei hier ergänzend erwähnt, daß die im Flugzeugbau mit Erfolg eingeführten Rotationsmotoren mit sternförmig angeordneten Mehrzylindergruppen (5-, 7- und 9-zylindr. Maschinen) zu Bootsantriebszwecken nur da in Betracht kommen dürften, wo es sich um Luftschraubenantrieb handelt.

In der Regel werden, sofern es sich um Mehrzylindermaschinen handelt, die Arbeitszylinder reihenweise hintereinander angeordnet. Bei den Bootsmotoren kleiner und mittlerer Leistung aller drei Gattungen werden häufig die Zylinder paarweise im gemeinsamen Gußblock vereinigt, um die Maschinen im Zusammenbau gedrungener zu gestalten. Dies hat natürlich den Nachteil, daß bei Schadhaftwerden eines Arbeitszylinders oder seiner Nebeneinrichtungen (Kühlmäntel, Ventilgehäuse) der ganze Zylinderblock verworfen und ersetzt werden muß. Bei kleinen Vergaserbootsmotoren kommen auch Vier- und Mehrzylinderanordnungen im Einblock vor aus Gründen der Raum- und Gewichtsersparnis.

Während bei der Dampfmaschine je nach der vorhandenen Dampfspannung diese in verschiedenen Druckstufen ausgenutzt und demnach zwischen Hochdruck-, Mitteldruck- und Niederdruckzylinder einer Maschine unterschieden wird, ist bei den Verbrennungskraftmaschinen die Arbeitsspannung und Arbeitsleistung in allen einzelnen Zylindern eines mehrzylindrigen Motors die gleiche. Während also bei der Dampfmaschine die Größe der einzelnen Arbeitszylinder zueinander in einem physikalisch-mathematischen Abhängigkeitsverhältnis steht, stellt die mehrzylindrige Verbrennungskraftmaschine nur eine Multiplikation des betreffenden Einzylinder-Motors dar. Hierin beruht die wesentliche fabrikatorische Überlegenheit im Herstellungsverfahren der Verbrennungskraftmaschine, indem bei allen

Zylindern einer Motortype dieselben Konstruktionsteile und Arbeitsstücke sich wiederholen, wodurch der planmäßige Reihenbau erleichtert und gefördert wird. Hieraus erklärt es sich, daß während im Dampfmaschinenbau die einzelne Maschine gewöhnlich dem Fahrzeug konstruktiv besonders angepaßt zu werden pflegt, also individuell konstruiert und fabriziert werden muß, der Bau von Boots- und Schiffsmotoren serienweise zu erfolgen hat in der Art, daß von bewährten Zylindereinheitsleistungen 1-, 2-, 3-, 4- und 6-zylindrige Maschinen, ja bis zu 10 und 18-Zylinder-Maschinen gebaut werden.

Besonderer Erwähnung bedürfen im Bereich dieser Betrachtung noch die für Rennbootszwecke häufig herausgebrachten Motortypen mit V-förmiger Zylinderanordnung. Durch diese zweireihige Zylinderanordnung an einer Maschine wird eine leichte und gedrungene Bauart im Verhältnis zur Kraftleistung erreicht. Für Dauerbetriebsmaschinen empfiehlt sich diese Anordnung wegen der einseitigen Beanspruchung der Kolben- und Zylinderlaufflächen nicht.

Als Sonderausführungen müssen solche Motoren erwähnt werden, bei denen man Zylinder in Tandemanordnung übereinander an gemeinsamer Kolbenstange aufgebaut hat, um an Maschinengewicht und Raumlänge zu sparen. Als Sonderausführungen sind desgl. die im Schiffs-Ölmaschinenbau gemachten Versuche mit gegenläufigen Kolben zu bezeichnen.

5. Manövrierfähigkeit.

Unter Manövrierfähigkeit versteht man einmal den Grad an Schmiegsamkeit einer Maschine, sich in ihrer Drehzahl und Leistung den im Bordbetrieb vorherrschenden Anforderungen des sanften Anfahrens und des Fahrens mit halber und noch geringerer Kraftleistung anzupassen; dann die Möglichkeit, in möglichst kurzer Zeit aus voller Fahrt voraus das Fahrzeug zum Stehen oder zur Aufnahme der Rückwärtsfahrt zu bringen durch Änderung des Drehsinns des Propellers oder der ganzen Maschine; schließlich die Möglichkeit, die Maschine für kurze Zeit über ihre Konstruktionsleistung hinaus zu überlasten.

a) Schmiegsamkeit. Es bedarf kaum besonderer Erwähnung, daß hinsichtlich der Schmiegsamkeit die Kolbendampfmaschine im Bordbetrieb fast unerreicht dasteht. Dies liegt in der schon oben erwähnten Tatsache begründet, daß bei der Dampfmaschine die Spannung des Arbeitsmediums, nämlich des Dampfes, gesondert im Kessel erzeugt wird, während bei den Verbrennungskraftmaschinen die Arbeitsspannung des Gemischs erst im Augenblick der Arbeitsleistung durch die Zündung erzeugt wird.

Der Schmiegsamkeitsbereich der Verbrennungskraftmaschine ist demgemäß ein eng begrenzter. Als untere Grenze der Drehzahlverminderung kann im Leerlauf unter Vermeidung von Fehlzündungen bei gut durchkonstruierten Motoren im allgemeinen ein Drittel der Konstruktions-Umlaufszahl angenommen werden. Die größere oder geringere Schmiegsamkeit wird auch durch die Anzahl der Arbeitszylinder und das Arbeitsverfahren insofern beeinflußt, als bei einer größeren Anzahl von Zylindereinheiten die Anzahl der Verpuffungsimpulse eine größere wird und andererseits bei mehrzylindrigen Maschinen die Schwungmassen des Triebwerkes im Verhältnis zur Kraft des einzelnen Verpuffungsimpulses größere sind als bei einem Einzylindermotor gleicher Gesamtleistung.

Als besonders schmiegsam müssen hier erwähnt werden die nach dem patentierten schwedischen Hesselmannverfahren arbeitenden Ölmotoren.

b) **Umsteuerbarkeit.** Die Verbrennungskraftmaschinen selbst sind ursprünglich nicht umsteuerbar gewesen, sondern konnten nur in einem Drehsinn entweder links- oder rechtslaufend arbeiten. Dies ist hauptsächlich darauf zurückzuführen, daß bei der einfacharbeitenden Verbrennungskraftmaschine im Gegensatz zur Kolbendampfmaschine der Kolben nur einseitig durch das zur Verpuffung gebrachte Gasgemisch beaufschlagt wird. Um also solche Maschinen im Bordbetrieb verwenden zu können, mußten zunächst auch Hilfsvorrichtungen genommen werden, die es ermöglichten, bei gleichbleibendem Drehsinn der Kurbelwelle den Drehsinn der Schraubenwelle beliebig wechseln zu können. Die hierzu gegebenen und im Laufe der Zeit mit Erfolg beschrittenen Wege sind hauptsächlich zweierlei, einmal mit dem Motor zusammengebaute Wendegetriebe bei fester Propelleranlage, zum anderen Vorrichtungen, welche es erlauben, die Steigungsrichtung der Propellerflügel beliebig umzulegen, also Umsteuerschrauben.

Die dritte, ursprünglich wohl vergebens angestrebte Möglichkeit unmittelbarer Umsteuerbarkeit hat erst in neuerer Zeit bei allen drei der hier besprochenen Hauptgattungen einwandfreie und betriebssichere Lösungen gefunden. Da ihre Anordnung im Bau der Hauptmaschine selbst liegt, sei diese Möglichkeit hier im Zusammenhang besprochen, während Wendegetriebe und Umsteuerschrauben einer besonderen Betrachtung vorbehalten bleiben.

Es lag nahe, den Gedanken der unmittelbaren Umsteuerbarkeit, wie man diese bei den Dampfmaschinen gewohnt war, auch auf Verbrennungskraftmaschinen zu übertragen, und es sind die verschiedensten Lösungen hierfür gesucht worden. Erinnert sei hinsichtlich kleinerer Vergaserbootsmotoren an den von der Firma

Körting vor etwa anderthalb Jahrzehnten herausgebrachten Reversatormotor, der jedoch wegen mangelnder Zuverlässigkeit seiner Manövrierfähigkeit sich nicht in größerem Umfange einzuführen vermocht hat. Bekannt ist das bei Bolinder-Glühkopfmotoren mit Erfolg zum Umsteuern benutzte Schaukelverfahren, wie überhaupt bei den im Zweitakt arbeitenden Glühkopfmotoren zu beachten ist, daß sie ebenso häufig richtig herum wie verkehrt herum anspringen.

Mit Erfolg beschritten und am zuverlässigsten bewährt hat sich die Anordnung unmittelbarer Umsteuerbarkeit mittels Druckluft nicht nur bei Ölmotoren, wo Druckluft von ausreichender Betriebsspannung ohnedies aus der Einblase- oder Anlaßflasche zur Verfügung steht, sondern auch bei Vergasermotoren. Die ersten Maschinen größerer Leistung dieser Art wurden seinerzeit von der Standard-Engine-Cie. in Amerika herausgebracht. Die inzwischen im deutschen Ölmaschinenbau mit der unmittelbaren Umsteuerbarkeit kleinerer und mittlerer Schiffsmotorenanlagen gemachten günstigen Erfahrungen haben während des Krieges dazu geführt, daß man den gleichen Weg auch für Vergasermotoren bei größeren Leistungen mit Erfolg beschritten hat.

c) Anlaßvorrichtungen. Das Inbetriebsetzen von Verbrennungskraftmaschinen im Bordbetrieb geschieht entweder mit Handkraft oder durch Hilfseinrichtungen.

1. a) Vergaserbootsmotoren kleinerer Leistung bis zu etwa 50 PS. werden im allgemeinen mit Handkurbel durch Zahnkettenübertragung angeworfen. Um das Überwinden des Kompressionsdruckes zu erleichtern, kommen hierbei an den Motoren mittlerer Leistung Dekompressionseinrichtungen mit Erfolg zur Anwendung.

1. b) Vergaserbootsmotoren über 50 PS. Bremsleistung können nicht mit Sicherheit von Hand mehr angeworfen werden; sie bedürfen der Hilfseinrichtung. Diese wird entweder in der Form einer von Hand betriebenen Gemischanlaßvorrichtung oder mittels Druckluft getroffen.

Heute werden auch kleinere Bootsmotoren überwiegend mit elektrischer Anlaßanlage ausgestattet, wie solche in vorbildlicher Ausführung von der Firma Bosch wie auch neuerlich von anderen Spezialfirmen geliefert werden.

2. Die Glühkopfmotoren werden bei kleineren Leitungen meistens durch Schwingegriff am Schwungrade von Hand angedreht. Bei größeren Maschinen erfolgt das Anlassen vorwiegend mit Druckluft.

3. Dieselmotoren laufen im allgemeinen mit der ohnedies zum laufenden Betrieb erforderlichen, also verfügbaren Druckluft an.

Bei allen mit Druckluft anzulassenden Motoren ist es wichtig, die praktische Anordnung so zu treffen, daß die Maschine mit dem bei Stillstand vorrätigen Luftvorrat eine größere Anzahl von Malen störungsfrei angelassen oder umgesteuert werden kann, um die für Schiffahrtszwecke erforderliche Manövrierfähigkeit des Fahrzeuges sicherzustellen. Die Zahl der ausführbaren Manöver kann bei gegebenem Luftvorrat durch Anordnung eines geeigneten Reduzierventils erheblich gesteigert werden.

III. Praktische bordbetriebstechnische Gesichtspunkte für die Auswahl der geeigneten Motortype.

Die im Einzelfall zu treffende Auswahl der für ein bestimmtes Fahrzeug geeignetsten Motortype hängt von den verschiedensten Gesichtspunkten ab. Zunächst kommt

1. der Verwendungszweck des Fahrzeuges in Betracht.

Ist der Verwendungszweck ein solcher, daß tagelanger Dauerbetrieb gefordert wird, so muß vor allem eine Maschine vorgesehen werden von möglichst großer Betriebssicherheit. Dies werden vorzugsweise schwergebaute, langsamlaufende Motoren sein mit niedrigen Beanspruchungen aller Triebwerksteile.

Der Begriff „langsamlaufend" und „schnellaufend" ist ein relativer, der immer nur auf eine bestimmte Maschinengattung bezogen werden kann. Schon bei den in dieser Abhandlung vorzugsweise betrachteten drei Gruppen der Verpuffungs-, Glühkopf- und Gleichdruckmotoren wandeln diese Begriffe sich in recht weiten Grenzen, wie nachstehende vergleichende schematische Aufstellung zeigt:

	Verpuffungs-Motoren	Glühkopf-Motoren	Diesel-Motoren
langsamlaufend	400—700 i. d. M.	200—350	200—300
mittlere	700—1000	350—450	300—400
schnellaufend	über 1000	über 450	über 400

Es ist hierbei selbstverständlich, daß — auf die Zylinderleistung bezogen — die höheren Drehzahlen den kleineren Kraftleistungen eignen und umgekehrt.

Es gilt also zunächst zu entscheiden — sofern drehzahländernde Übertragungsmittel als Zwischenglieder zwischen Motor und Propeller nicht in Betracht kommen —, ob eine langsamlaufende, mittlere oder schnellaufende Antriebsmaschine bevorzugt werden muß oder kann.

Die vielseitigen gründlichen Forschungsarbeiten auf dem Gebiet der Propellertheorie im Verein mit dem Ergebnis der Schleppversuchsanstalten und die in dem letzten Jahrzehnt gesammelten praktischen Erfahrungen haben gelehrt, daß in den allermeisten Fällen ein guter Propellerwirkungsgrad auch noch erreicht werden kann bei wesentlich höheren Drehzahlen, als man dies von der Schiffsdampfmaschine her gewohnt war. Diese physikalisch-technische Möglichkeit kommt den Wesenseigenheiten der Verbrennungskraftmaschine entgegen. Als selbstverständlich ergibt sich hierbei, daß

> schnellaufende, leichte Motoren für leichte, schnellaufende Fahrzeuge,
> mittelschwere Motoren für mittelschnelle und mittelgroße Fahrzeuge,
> langsamlaufende, schwere Motoren für schwere, langsamere Fahrzeuge

in Betracht kommen, soweit unmittelbare Kraftübertragung vom Motor auf den Propeller stattfindet.

Wichtig zu berücksichtigen für den praktischen Bordbetrieb ist hierbei immer, daß die Propellerwirkung kräftig genug sein muß, um ohne nutzloses Mahlen und Schaumschlagen das Boot in Fahrt zu setzen bzw. anzuhalten, was in erster Linie eine Funktion des Flächenverhältnisses vom Propellerkreis zur eingetauchten Hauptspantfläche ist.

In Sonderfällen wird es durch Zwischenschaltung geeigneter Übertragungsmittel, welche die hohe Drehzahl der Antriebswelle auf eine geeignete Propellerdrehzahl heruntersetzen, möglich sein, die in dem geringeren Gewichts- und Raumanspruch der dann verwendbaren Maschinentype gebotenen Vorteile wirksam auszunützen. Mit solchen von vornherein an der Maschine fest angebauten Untersetzungsgetrieben werden manche Motortypen schon ab Werk geliefert.

2. Wartung, Bedienung und Instandhaltung:

Im allgemeinen beanspruchen auch die langsamlaufenden Maschinen, weil weniger belastet und daher betriebssicherer, eine geringere Wartung. Sie sind also überall da zu bevorzugen, wo die Bedienung voraussichtlich eine weniger sorgfältige zu sein pflegt.

Hand in Hand hiermit geht gewöhnlich das Verlangen nach einer derben Bauart, welche eine etwas grobe Behandlung der Maschine ohne Bedenken zuläßt.

In dieser Richtung haben sich vornehmlich die Glühkopfmotoren und die nach ähnlichem Arbeitsverfahren gestaltenen Halbdieselmotoren entwickelt. Sie haben sich deshalb ein sehr weites Absatzgebiet in der gewerblichen Kleinschiffahrt erobert, wo geringe Wartung, Bedienung durch ungeschultes Personal, und Zuverlässigkeit im Dauerbetriebe erste Anforderungen sind, so z. B. in der See- und Küstenfischerei sowie in der gewerblichen Binnenschiffahrt. Dank dieser Eigenschaften hat der Glühkopfmotor sich weitere große Anwendungsgebiete auch als ortsfeste Antriebsmaschine gesichert, wo gleiche oder ähnliche Betriebsanforderungen zu stellen sind.

Empfindlicher ist der Verpuffungsmotor. Er setzt gute Instandhaltung voraus; denn die empfindlichen Hilfseinrichtungen für Vergasung und Zündung erheischen eine sachkundige Wartung. Es darf als festgestellt gelten, daß der neuzeitliche Verpuffungsmotor an und für sich eine im hohen Grade betriebssichere Maschine geworden ist, welche — beste Konstruktion und erstklassige Arbeitsausführung vorausgesetzt — bei sachgemäßer Instandhaltung und guter Wartung geradezu großartige Dauerleistungen aufzuweisen hat. Andererseits muß anerkannt werden, daß vielfach nichttechnisches, ungeschultes, aber praktisch angelerntes und zuverlässiges seemännisches Personal vielfach mit solchen Maschinen die besten Betriebserfahrungen gezeigt hat.

Der Verpuffungsmotor bedarf jedoch seiner ganzen Bauart nach im allgemeinen einer gewissen regelmäßigen Überholung einzelner Triebwerksteile; er eignet sich daher vorzugsweise für Betriebsverhältnisse, welche die nötigen Ruhepausen gestatten und setzt, wie dargelegt, gute Wartung voraus. Sein Anwendungsgebiet sind daher außer den ausgesprochenen Sport- und Luxusbooten die schnellen Verkehrs- und Fährboote, Inspektionsboote der Behörden, die Rettungs- und Beiboote der Kriegs- und Handelsschiffe, sowie in den Rettungsbooten des Küstendienstes unter Voraussetzung gewisser Sonderausführungen, welche hierfür erforderlich sind: weitgehende Einkapselung zum Schutz gegen Wasser; Vorrichtungen zum selbsttätigen Ausschalten beim Kentern.

Am empfindlichsten und deshalb nur da verwendbar, wo geschultes Fachpersonal zur Verfügung steht, ist der konstruktiv und werkstattechnisch hochentwickelte Dieselmotor, welcher — ganz abgesehen von den Anforderungen des jeweiligen Manövrierens —

schon wegen der richtigen Druckluftverteilung eine ständige Überwachung durch ausgebildete Maschinisten erfordert.

3. Maschinengewicht:

Untrennbar von Drehzahl und Leistung ist die Frage des Maschinengewichts, welches in engem Abhängigkeitsverhältnis zu den beiden obigen Faktoren steht. Beim Vergleich ist stets zu berücksichtigen, auf welchen Lieferungsumfang sich die Gewichtsangabe bezieht, um einwandfreie Ziffern zu erhalten.

Im allgemeinen muß gesagt werden, daß in der ersten Entwicklungsperiode des Verpuffungsbootsmotors der Leichtgewichtsfrage auch für gewöhnliche Boote eine übermäßige Bedeutung beigemessen wurde; es führte dies notwendigerweise zu Konstruktionen, die namentlich an Betriebssicherheit, aber auch an Lebensdauer zu wünschen übrig ließen. Dies Drängen auf übertriebene Gewichtsersparnis ging seinerzeit vielfach von den Bootsbauern aus, welche ihrerseits wenig zur Gewichtsersparnis an ihrem eigenen, im Vergleichsverhältnis sehr viel gewichtigeren Lieferungsteil beitrugen und andererseits sich von geringen Ersparnissen an Maschinengewicht Vorteile in der erreichbaren Bootsgeschwindigkeit versprachen, welche man neuerlich durch günstige Formgebung und bessere Propellerwirkung besser und sicherer erreicht, ohne die Betriebssicherheit der Maschinenanlage und damit des ganzen Fahrzeuges durch falsche Sparsamkeit an Motorengewicht in Frage zu stellen.

Die Leichtgewichtsfrage ist nur bei ausgesprochenen Schnellbooten von ausschlaggebender Rolle. Hier kommt der Motorentechnik die Zulässigkeit hochgesteigerter Drehzahlen bei guter Propellerwirkung zu statten. Gedrängte Bauart geeigneter Spezialmotoren (Acht- und Zwölfzylindermaschinen in V-förmiger Anordnung) und weitgehende Anwendung von hochwertigen Konstruktionsmaterialien, Aluminiumguß, Stahlzylinder und geschweißte Kühlmäntel tun ein Übriges, um im Zusammenhang mit neuen Rumpfformen (Gleitboote, Stufenboote, Kimmboote, Wellenbinderform) Geschwindigkeitsleistungen über stundenlange Regattakurse zu ermöglichen, welche früher für unerreichbar galten. Einzelne Schnellbootstypen der Kleinseekriegsführung haben aus diesen Konstruktionserfahrungen praktischen Nutzen gezogen.

4. Von dem verfügbaren Maschinenraum.

Die Wahl der geeigneten Motortype kann unter Umständen mit beeinflußt werden durch die Abmessungen des verfügbaren

Maschinenraums, und zwar hauptsächlich in der Längsschiffrichtung. Dies gilt namentlich für alle auf möglichst großen Laderaum angewiesenen Fahrzeuge der Erwerbsschiffahrt. Gedrungene Bauart der Länge nach ist deshalb ein wirtschaftliches Anfordernis an alle Schiffsmotoren, auf welches von vornherein in der Konstruktion gebührende Rücksicht genommen werden muß.

Gründe der Raumersparnis können dazu führen, z. B. statt eines sechszylindrigen Motors einer Vierzylindermaschine den Vorzug zu geben. Sie können auch — zumal an Breitenraum kein Mangel ist — die Unterteilung der Maschinenleistung auf eine Zwillingsanlage empfehlen, was den Vorteil größerer Betriebssicherheit und erhöhter Manövrierfähigkeit mit sich bringt, welcher allerdings mit den Nachteilen höherer Anlagekosten, größeren Maschinengewichts, einer komplizierteren Gesamtanordnung und eines geringeren Wirkungsgrades erkauft werden muß.

5. Von der Propelleranordnung.

Bei allen Fahrzeugen, deren Tiefgangsverhältnisse durch besondere Anforderungen der Fahrwassertiefe oder der verschiedenen Beladungszustände eingeschränkt werden, kann die zulässige Propellergröße von ausschlaggebender Bedeutung sein für die Auswahl der Antriebsmaschine, um sicherzustellen, daß der oder die Propeller unter allen Umständen voll eingetaucht arbeiten: Unter Umständen muß die Maschinenleistung auf zwei Propeller verteilt werden, entweder von einer Hauptmaschine durch Zwischengetriebe auf zwei Schraubenwellen — was aber eine komplizierte und kostspielige Zwischenschaltung erfordert — oder in der Mehrzahl der Fälle durch eine Zwillingsmaschinenanlage.

Seltener wird lediglich etwa die Heckkonstruktion als solche rückwirkend auf die Propelleranordnung und dadurch auf die Auswahl der Hauptantriebsmaschine sein.

Andererseits geben wiederum die neuzeitlich durchgebildeten Übertragungsmittel und Untersetzungsgetriebe die Möglichkeit, trotz Verwendung eines leichten, schnellaufenden Motors einen langsamlaufenden Propeller anzuordnen.

IV. Schiffsbauliche Gesichtspunkte für die Auswahl der Motortype.

Zunächst waren die Gesichtspunkte zur Erörterung gestellt worden, welche einmal in der Motorengattung selbst liegen, zum andern für die Wirtschaftlichkeit im Betriebe ausschlaggebend sind. Andrerseits muß der Schiffbauer bei der Auswahl der geeignetsten Maschinentype jene Gesichtspunkte prüfen, durch welche die Gesamtwirkung von Schiff und Maschine bestimmt wird, da erst die Maschinenanlage ein Schiffsgefäß zu einem mechanisch beweglichen Fahrzeug macht.

Im allgemeinen muß zunächst die Frage nach der zur Erreichung einer bestimmten Schiffsgeschwindigkeit erforderlichen Maschinenleistung geklärt werden; hierzu wird der Konstrukteur Erfahrungswerte durch Vergleichsrechnung mit ähnlichen Fahrzeugen heranziehen.

1. Typenwahl entsprechend der Kraftleistung.

Hier tritt nun ein wesentlicher Unterschied gegenüber den Entwurfsarbeiten bei Dampfbooten zutage. Während es selbst bei kleinsten Fahrzeugen im allgemeinen dabei blieb, daß die Dampfmaschine als Einzelanfertigung zu dem betreffenden Boot gebaut wurde, also ein planmäßiger Serienbau einer Maschinentype in laufender Fabrikation nur selten und in beschränktem Umfange vorkam, ist der neuzeitliche Motorenbau, namentlich soweit er sich auf kleinere und mittlere Krafteinheiten erstreckt, durchaus auf Massenfertigung eingestellt. Es hat sich damit fabrikatorisch und geschäftlich der weitere Wandel vollzogen, daß im allgemeinen die Werften nur das Fahrzeug selbst herstellen, die Maschinenanlage als solche aber von den Motorenfabriken beziehen, soweit die hier in Berücksichtigung gezogenen Bootsmotorenanlagen in Betracht kommen.

Wurde also beim Dampfboot meistens die Maschinenanlage dem Fahrzeug angepaßt, so muß beim Motorboot der Konstrukteur seine Auswahl unter den geeignet erscheinenden verschiedenen Motorgattungen treffen und sein Fahrzeug der gewählten Motortype anpassen.

2. Raumanspruch und Baulänge.

Letztere Überlegung leitet über zu dem aus wirtschaftlichen Gründen gebotenen Streben nach möglichster Raumersparnis bei der Typenwahl. In vielen Fällen wird bei sonst annähernd gleichwertiger Eignung derjenigen Motortype der Vorzug gegeben werden müssen, welche die geringste Baulänge aufweist. Gedrungenste Ausführung der Maschine ist deshalb ein bei der Schiffsmotorenkonstruktion wichtiger Gesichtspunkt; jedoch darf die Zugänglichkeit darunter nicht leiden. Denn je geringer die gesamte Fahrzeuglänge, umso mehr muß nach Zentimetern gespart werden. Dies gilt insbesondere auch für die Ausführung der Wendegetriebe, und zwar für diese aus dem besonders wichtigen praktischen Grunde, weil bei Motorbooten der Schiffsboden im allgemeinen schon weit vorn im Mittelschiff gegen das Heck hin zu steigen beginnt und es anderseits im allgemeinen aus Gründen der Gewichts- wie der Raumverteilung wenig erwünscht ist, die Motoranlage allzuweit nach vorn zu rücken.

3. Maschinengewicht.

Der Schiffbauer ist im allgemeinen gewohnt, scharf nach Gewicht zu rechnen, und er tut gut daran. In der Gewichtsersparnis und dem geringeren Raumanspruch des Motors gegenüber der gleich starken Dampfmaschine ist die Überlegenheit der Verbrennungskraftmaschiene für die Kleinschiffahrt zum großen Teil begründet, abgesehen von ihren betriebstechnischen Vorzügen.

Der Gewichtsanspruch der Maschine selbst wird konstruktiv in der Frage der Gewichtsverteilung auf die Verdrängung selten Schwierigkeiten machen; wird sie doch außerdem durch geringen Gewichts- und Raumanspruch des Brennstoffvorrats unter Zugrundelegung gleichen Fahrbereichs gegenüber der Dampfmaschinenanlage ergänzt. Im Gegenteil gibt es Fälle von Sonderfahrzeugen, wo des geringen Motorengewichts wegen eine zusätzliche Belastung des Schiffskörpers vorgesehen werden muß.

4. Schwungradanordnung.

Erschwerend für den Bootskonstrukteur wirkt bei der Einbauanordnung des Motors oft der Umstand, daß die meisten deutschen Motortypen, wenigstens soweit Diesel- und Vergasermaschinen in Betracht kommen, das Schwungrad hinten haben, so daß der untere hintere Scheitelpunkt des Schwungrades, welcher den tiefsten Punkt des Motoranlage bildet, dann recht weit nach hinten zu liegen kommt.

Maschinenkonstruktiv betrachtet, ist diese Anordnung unbedingt die richtige: denn die Schwungradmasse ist ja dazu da, um ein gleichmäßiges Drehmoment sicherzustellen und Unregelmäßigkeiten, welche etwa rückwirkend vom Propeller sich geltend machen könnten, aufzufangen und von den Triebwerksteilen der Maschine selbst fern zu halten. Demgegenüber weisen insbesondere die amerikanischen

Bootsmotoren überwiegend die Schwungradanordnung vorn an der Stirnseite auf, was praktisch die Einbauverhältnisse sehr erleichtert, da im allgemeinen bei Motorbooten ausreichende Raumtiefe im Vorschiff verfügbar ist.

5. Lichte Fundamentweite.

Der Schwungraddurchmesser ist bei der von uns meist geübten Schwungradanordnung hinten ferner ausschlaggebend für den lichten Abstand der Grundschienen, auf welchen im allgemeinen die Bootsmotoren als vollständiges Ganzes zum Einbau kommen.

Der Wunsch des Maschinenbauers, eine wirkungsvolle Schwungmasse unter möglichst geringem Gewichtsaufwand zu erhalten, führt **zu großem Durchmesser**. Das Verlangen des Schiffbauers hingegen geht nach möglichst begrenzter Fundamentweite, soweit die Standsicherheit der Maschine dies zuläßt. Die letztere ist im allgemeinen gewahrt bei den Breitenmaßen des Kurbelgehäuses, welche sich zwangläufig aus dem Kolbenhub ergeben.

Bei vielen Motoren muß bei hinten liegendem Schwungrad wegen dessen großem Durchmesser das Kurbelgehäuse mit weit auskragenden Pratzen auf den breitgespreizten Fundamentschienen gelagert werden; diese Pratzen bilden immer eine schwache Stelle für Stöße, denen der Motor zwar nicht so sehr im Bordbetriebe selbst, als vielmehr während der Verfrachtung und der örtlichen Beförderung bis zur Einbaustelle ausgesetzt ist.

Einige bekannte Dieselmotortypen weisen einen scharfen Doppelknick der Fundamentschienen beim Übergang von dem an sich schmalen Kurbelgehäuse zum Schwungrad nebst Kupplung auf. Daß solche Anordnung die Schaffung einer soliden, alle auftretenden Beanspruchungen wirksam aufnehmenden Maschinenbettung im Boot sehr erschwert, liegt auf der Hand.

Auch hinsichtlich der wünschenswerten Beschränkung der lichten Fundamentweite bietet also die Schwungradanordnung vorn wesentliche praktische Vorteile, da alsdann trotz genügend großen Schwungraddurchmessers der Abstand der Fundamentschienen von einander hierdruch nicht beeinflußt wird.

6. Maschinenbettung.

Der im Fahrzeug einzubauenden Maschinenbettung ist bei der konstruktiven Durchbildung der Bodenverbände wie in der praktischen Arbeitsausführung dieser Verbandsteile besondere Aufmerksamkeit zuzuwenden; sollen sie doch der Antriebsmaschine eine unverrückbare Aufstellung im Schiff sichern, den Propellerschub wirksam aufnehmen und auf das Fahrzeug übertragen, anderseits aber von der Maschine ausgehende Erschütterungen aufnehmen.

Die bei den meisten Motortypen an beiden Seiten angebrachten Grund- oder Winkelschienen — manchmal auch ein geschlossener Winkeleisenrahmen — erfordern also die Anordnung von zwei parallel zur Schiffsmitte verlaufenden Hauptträgern, auf welchen die Grundschienen der Maschine starr befestigt werden.

Diese Hauptmaschinenträger zu wirksamen Längsträgern der ganzen Bodenkonstruktion auszubilden, ist ein wichtiges Anfordernis. Selbst bei den einfachsten Ausführungen in kleinen Booten mit schwacher Maschine sollten diese Längsträger mindestens die dreifache Länge der Maschinenanlage selbst haben. Eine wirksame Verbindung der Längsträger mit den im Bereich des Motorraumes befindlichen Querverbänden durch Bodenstücke und Kniebleche ist selbstverständlich. Bei größeren Fahrzeugen mit stärkerer Antriebsmaschine werden diese Längsträger sich nach Art von durchlaufenden Kielschweinen bis ins Hinterschiff und weit ins Vorschiff hinein erstrecken.

Hieraus ergibt sich schon, daß man auch bei hölzernen Fahrzeugen sehr bald wegen der Längenausdehnung der Maschinenbettung von den in kleinen Booten üblichen Fundamentbalken zugebauten Fundamentlängsträgern übergehen muß, welche aus Platten und Winkeln zusammengebaut und untereinander sowie gegen die Querverbände abgesteift sind.

Wichtig für die Standsicherheit der Maschine wie für die Widerstandsfähigkeit der Längsträger selbst gegen Durchbiegung und Erschütterung ist ihre ausreichende Höhe. Da nun die hier betrachteten kleineren Fahrzeuge auch im Mittelschiff meistens gut aufgekimmte Querschnitte zeigen, ist es auch aus diesen Gründen wünschenswert, daß die lichte Fundamentweite der Maschine keine allzu große sei, da andernfalls die Seitenhöhe der Längsträger eine zu niedrige wird.

7. Achsenneigung.

Selten nur wird es dem Konstrukteur bei den hier zur Betrachtung stehenden kleineren Fahrzeugen gelingen, die Maschine so aufzustellen, daß sie in dem auf seiner Konstruktionswasserlinie schwimmenden Schiff eine wagerechte Lage der Kurbelwellenachse aufweist.

Die Tiefe der Motorboote ist im allgemeinen eine wesentlich geringere, als bei gleich großen Dampfbooten zu finden ist. Der

Motor muß also vergleichsweise hoch gelagert werden. Maßgebend hierfür ist der tiefste Punkt der Maschine.

Aus der zu übertragenden Kraftleistung und der Drehzahl einer gegebenen Maschine ist der ungefähre zugehörige Schraubenkreisdurchmesser unschwer zu finden. Er muß unter dem Heck eingetragen werden unter Berücksichtigung eines genügenden Freischlagens vom Schiffsboden, um eine gute Propellerwirkung zu sichern.

Die Verbindungslinie zwischen Mitte Schraubenkreisdurchmesser unter dem Heck und Mitte Schwungraddurchmesser, welche beide in die Entwurfszeichnung eingetragen wurden, ergibt die Achsenneigung nicht nur der Propellerwellenleitung, sondern auch der Kurbelwelle des Antriebsmotors selbst. Sie darf keine zu starke sein mit Rücksicht auf die Schmierung der Triebwerksteile des Motors, namentlich der Kolben; nicht zu vergessen ist hierbei, daß in Fahrt im allgemeinen noch ein merkliches Vertrimmen der Fahrzeuge in eine steuerlastige Schwimmlage eintritt, wodurch die ungünstige Achsenneigung weiter vermehrt wird. Mehr als 5—6 Grad in der Ruhelage erscheinen daher unzulässig.

Bei Fahrzeugen von einiger Länge mit vorlich liegendem Maschinenraum ist eine Aufstellung des Motors mit wagerechter Achsenlage manchmal dadurch möglich, daß die geneigte Propellerwelle durch eine mit zwei Kreuzgelenkkupplungen versehene Zwischenwelle mit der Motorkubelwelle verbunden wird. Abgesehen von der konstruktiv und werkstattechnisch richtigen Ausführung dieser Kreuzgelenkkupplungen ist ein einwandfreies Arbeiten solcher geknickten Wellenleitung nur dann zu erwarten, wenn alle drei Wellenachsen als Tangenten eines Berührungskreises erscheinen und die Beugungswinkel an den Knickstellen nur wenige Grad betragen. Niemals ist eine treppenförmig gebrochene Achsenlinie zulässig. Nach Möglichkeit sollte man jedoch solche Kardanzwischenwelle vermeiden

V. Betriebstechnische Gesichtspunkte.

Die besondere Eignung und die daraus sich ergebende schnelle Einführung der Verbrennungskraftmaschine beruht zur Hauptsache auf ihrem sich selbsttätig regelnden Arbeitsgang, sobald derselbe einmal eingeleitet ist: Eine ständige Bedienung im Sinne der Dampfmaschine, welche mindestens eine stete Beschickung des Kessels mit Heizstoff erfordert, ist nicht erforderlich. Die Verbrennungskraftmaschine hingegen beansprucht also lediglich eine sachgemäße Instandhaltung und Wartung, welche aber noch nicht einmal unbedingt eine ständige Überwachung bedeutet, mit Ausnahme des Dieselmotors.

1. Keine Beschränkung durch Befähigungsnachweis.

Hieraus ergibt sich nicht nur die sehr bedeutsame Personalersparnis, welcher unter den heutigen wirtschaftlichen und sozialpolitischen Verhältnissen eine erhöhte Bedeutung zukommt, sondern durch diese Eigenart der Verbrennungskraftmaschine hat sich ihre Einführung in die Kleinschiffahrt, soweit es die hier betrachteten kleinen Maschinenstärken anbetrifft, frei von polizeilicher Bevormundung vollziehen können, weil von dem Bedienungsmann kein fachtechnischer Befähigungsnachweis gefordert wird. Erfahrungsgemäß haben sich denn auch vielfach solche Berufszweige als sehr geeignet in Motorwartung erwiesen, welche nur sehr geringe motortechnische Kenntnisse aufweisen, z. B. im Hafenbetrieb und der Seefischerei.

2. Betriebsbereitschaft.

Einer der Hauptvorzüge des Motors ist — sachgemäße Instandhaltung vorausgesetzt — seine stete Betriebsbereitschaft im Vergleich zu der langen Anheizfrist der Dampfmaschine bzw. den außerordentlich hohen Unkosten des Unterdampfliegens.

Während Verpuffs- und Gleichdruckmotoren auch nach tage- und wochenlanger Pause aus kaltem Zustand heraus sofort anspringen, bedürfen Glühkopfmotoren einer Anheizfrist von etwa einer Viertelstunde; neuere Versuche des Anschießens mittels einer kleinen Thermitpatrone wollen diesen Zeitraum auf etwa eine Minute verringern (s. Seite 25/26).

3. Betriebssicherheit.

Was diese anbetrifft, so steht die Dampfmaschine unerreicht da; zum Teil ist dies eine Funktion des bei ihr nach Spannungserzeugung (im Kessel) und Arbeitsleistung (in der Maschine) unterteilten Arbeitsvorganges.

In den Entwicklungsjahren der Verbrennungskraftmaschine, welche vielleicht gerade im Jahre des Kriegsausbruches zu einem gewissen Abschluß gelangt war, litt die Betriebssicherheit derselben aus verschiedenen Gründen:

    mangelnde Erfahrung im Verhalten der Baustoffe,
    zu schwache Bemessung hochbeanspruchter Teile,
    unzulängliche Schmierung,
    unvollkommene Hilfsvorrichtungen.
    fehlende Übung wie mangelnde Erfahrung in der Bedienung,
        Wartung oder Instandhaltung.

Am ehesten wurde die im Bordbetriebe an erster Stelle zu fordernde Betriebssicherheit von den einfachen, aber derbe gebauten Glühkopfmotoren erreicht, welche sich frühzeitig in der skandinavischen Küstenfischerei einbürgerten, obgleich die Betriebsbedingungen in diesem Berufszweige recht ungünstige sind: geringe Wartung und langer Dauerbetrieb.

Auch der Vergaserbootsmotor hat mittlerweile einen hohen Stand der Betriebssicherheit erreicht, namentlich seit der Einbürgerung der vervollkommneten Hochspannungskerzenzündung und der zwangläufigen Schmierung. Viele Betriebsstörungen früherer Jahre waren auch auf das zu weit getriebene Streben nach Gewichtsersparnis zurückzuführen; dies hat allgemein einer sachgemäßen Durchbildung aller Teile unter Berücksichtigung des Umstandes weichen müssen, daß der Schiffsmotor überwiegend unter voller Belastung arbeiten muß.

Der Schiffs-Dieselmotor hat namentlich auch in den schnellaufenden kleinen, nach dem Viertaktverfahren arbeitenden Typen in wenigen Jahren einen hohen Stand betriebstechnischer Vollkommenheit und Zuverlässigkeit erreicht. In besonderer Weise ist dies durch die Maschinenanlagen der kleinen, zuerst in Flandern und an den Dardanellen eingesetzten U-Boote überzeugend erwiesen worden, welche eigentlich dem in den letzten Vorkriegsjahren entwickelten Beibootstyp angehörten.

Eine wesentliche Seite der Betriebsicherheit liegt bei der Bedienungsfrage: mangelte es naturgemäß im ersten Jahrzehnt vielfach an geeigneten Kräften, so ist diesem Mangel durch die riesige Entwicklung des Kraftfahrwesens im Kriege zu Lande, zu Wasser und in der Luft endgültig abgeholfen.

4. Zugänglichkeit.

Gute Zugänglichkeit aller Teile ist ein Hauptanfordernis des Bordbetriebes, wo Nachsehen, Überholen oder gar Instandsetzen in Störungsfällen unter oft erschwerten Arbeitsbedingungen bei gerinstem Zeitverlust geschehen muß.

Diesem im Schiffsdampfmaschinenbau allgemein gültigen Gesichtspunkt wurde in der Entwicklung des Schiffsmotors erst in dem Maße Rechnung getragen, als der Motor konstruktiv überhaupt den Anforderungen des Bordbetriebes mehr und mehr angepaßt wurde: Gute Zugänglichkeit der Kurbelwellengrund- und Pleuelstangenlager durch Anordnung großer Handlöcher bzw. von

Schaulochdeckeln im Kurbelgehäuse-Oberteil, obenliegende Ventile, hochgesetzter Zündmagnetapparat bei Verpuffungsmotoren, außenliegende Kurbelwellengrundlager bei Glühkopfmotoren, übersichtliche Anordnung der ganzen Hebelei und aller Kontrollarmaturen am Bedienungsstande bei den Dieselmotoren, sind einige solcher Erfahrungsergebnisse.

Auch im Motorenbau zeigt es sich wieder, daß, je weiter Konstruktions- und Betriebserfahrung fortschreiten, desto einfacher und übersichtlicher der Gesamtaufbau der Maschine wird.

5. Auswechselbarkeit.

Weitgehendste Auswechselbarkeit aller Teile ist eine Errungenschaft, welche nur durch den planmäßigen Reihenbau durchaus gleichartiger Maschinen bei genauester Präzisionsanfertigung aller Einzelteile unter weitgehender Anwendung von Schablonen und Vorrichtungen erreicht werden konnte.

Diese Entwicklung wurde durch die Bauart der Mehrzylindermotoren gezeitigt, welche sich als Multiplikation des Grundmodells darstellen, so daß ein und dasselbe Stück an schon einer Maschine in mehrfacher Stückzahl vorkommt: Kolben und Pleuelstangen, Ventile, Ventilhebel u. a.

Da ein einwandfreies Passen der einzelnen in Massenanfertigung hergestellten Teile selbstverständliche Voraussetzung für einen ungestörten Zusammenbau der ganzen Maschine ist, wird weitgehendste Ausschaltung handwerksmäßiger Bearbeitung zugunsten automatischer Maschinenarbeit zur Forderung. Liegt hierin schon eine fabrikationswirtschaftliche Überlegenheit bei der Anfertigung, so tritt der Vorteil weitgehendster Auswechselbarkeit aller Teile für den praktischen Bordbetrieb namentlich beim Einbau von Ersatzteilen in die Erscheinung. Solche können heute laut Liste von der Herstellerfirma ohne Aufenthalt bezogen werden, und anderseits ist der ständig mitzuführende Vorrat an Bordersatzteilen nur ein geringer, da ein Satz für alle Zylinder paßt.

6. Abschaltbarkeit.

Die Reihenanordnung mehrerer gleichartiger Arbeitszylinder bietet im Falle einer Betriebsstörung die wünschenswerte Möglichkeit, den oder die ausfallenden Zylinder abzuschalten und mit den betriebsklar verbliebenen weiterzufahren.

B. Gesichtspunkt für den Einbau an Bord.

Für den sachgemäßen Einbau der Motoranlage an Bord ist wesentlich zu unterscheiden zwischen den maßgebenden Gesichtspunkten, welche bei einem neu zu erbauenden Fahrzeug und denen, welche bei nachträglichem Einbau einer Motoranlage in ein schon vorhandenes Fahrzeug bestimmend sind!

Bei einem Neubau wird sich von vornherein der ganze schiffbauliche Entwurf unter dem Gesichtspunkt des motorischen Antriebes und bei der Durcharbeitung der Ausführungszeichnungen unter Zugrundelegung der endgültig gewählten Motortype vollziehen. Das ganze Fahrzeug wird sich also den durch die getroffene Typenwahl gegebenen maschinentechnischen Gesichtspunkten anpassen; es kann bei richtiger Abwägung aller Einzelheiten ein harmonisches Optimum geschaffen werden.

Anders beim vorhandenen Fahrzeug: Die Hauptschwierigkeit wird hier, sofern es sich um kleinere Boote handelt, zunächst die Raumfrage bieten; dann die sehr wichtige Untersuchung, ob die vorhandenen Verbände den Beanspruchungen des motorischen Kraftantriebes genügen oder wesentlicher Verstärkungen — abgesehen von der ohnedies erforderlichen Maschinenbettung — bedürfen. Ferner sind selbstverständlich alle übrigen Einbaufragen: Anordnung und Durchführung der Wellenleitung und Propeller, Bedienungshebelei, Brennstofflagerung, Auspuffleitung, sehr viel schwieriger in praktisch befriedigender Weise zu lösen, weil man an die gegebenen Raum- und Bauverhältnisse des vorhandenen Schiffskörpers gebunden ist.

Es sollen zunächst die beim Einbau in ein neues Fahrzeug entscheidenden Fragen besprochen, im Anschluß hieran die Abweichungen und Einschränkungen für vorhandene Fahrzeuge erläutert werden.

I. Bauausführung des Schiffskörpers.

Im Bereich der Motoranlage werden mindestens Verstärkungen der inneren Verbandsteile erforderlich, um die örtlichen Betriebsbeanspruchungen aufzunehmen. Müssen im Motorraum selbst die Querversteifungen sachgemäß verstärkt werden, so bedürfen zur Verhinderung von störenden Erschütterungen und Schwingungserscheinungen namentlich die Längsverbände planmäßiger Anordnung und Durchbildung; letzteres umso mehr, je länger das betreffende Fahrzeug und je stärker die Motoranlage ist. Für die unter Aufsicht gebauten Fahrzeuge sind die einschlägigen Bestimmungen der zuständigen Klassifikationsgesellschaft maßgebend.

Sollen vorhandene Fahrzeuge, welche bis dahin vielleicht durch unmittelbare Naturkräfte getrieben wurden, nachträglich auf motorischen Kraftantrieb umgestellt werden, so bedürfen dieselben meistens besonders kräftiger Längsversteifungen. Die Laschungen hölzerner Hauptverbände und die Verbolzungen müssen in solchem Falle sorgfältig nachgesehen und derart verstärkt werden, daß sie den dauernden Erschütterungen der Maschinenstöße gewachsen sind.

Maschinenbettung.

Bootsmotoren sind durchweg derart gebaut, daß die Kurbelwanne mit einer gehobelten Kante oder mit breit auslaufenden kräftigen Pratzen versehen ist, unter denen seitliche Grundschienen oder ein geschlossener Rahmen angeordnet ist zur sachgemäßen Befestigung auf der im Schiffsboden vorgesehenen Maschinenbettung.

Aus dem Abstand solcher Lagerkanten, Gehäusefüße oder Grundschienen ergibt sich zunächst das wichtige Maß der lichten Weite zwischen den Längsträgern, welches für die Standfestigkeit des Motors von Bedeutung ist. Dieses Maß wird sich bei Bootsmotoren mit hintenliegendem Schwungrad im allgemeinen nach dem Durchmesser desselben richten müssen, damit die das Rückgrat der Maschinenbettung bildenden Hauptlängsträger, auf welchen die Grundschienen befestigt werden, gradlinig von vorn nach achtern durchlaufend, vom Schwungrad freigehend, durchgeführt werden können.

Seitlich geknickte Fundamentschienen, welche sich bei schmalem Kurbelgehäuse, aber großen Schwungraddurchmesser ergeben, bedingen einen Bruch der Hauptlängsträger, welche dann eine schwache Stelle beim Schwungrad erhalten, also gerade dort, wo besondere Kräfte und Beanspruchungen auftreten. Die gradlinige Durchführung der Grundschienen ist besonders dann wichtig, wenn Wendegetriebe und Drucklager hinter dem Schwungrad liegen und mit dem Motor auf den Grundschienen fertig zusammengebaut zur Anlieferung kommen, wie dies im allgemeinen üblich geworden ist.

Die Grundschienen müssen dann selbstverständlich derartig kräftig ausgeführt sein, daß Achsenverschiebungen zwischen Motor und Wendegetriebe nicht eintreten können. Sie werden zweckmäßig mit Augösen zum Anschlagen von Hebegeschirr versehen, so daß die Motoranlage als Ganzes auf der Werft in das Fahrzeug eingesetzt werden kann.

An und für sich ist eine gute Fundamentbreite gewiß wünschenswert; mit Rücksicht auf die praktische Einbaumöglichkeit bei schnelleren Fahrzeugen oder solchen mit scharfer Aufkimmung im Schiffsboden ist ein möglichst kleiner Schwungraddurchmesser erwünscht, der wiederum einen mäßigen Abstand der Hauptlängsträger gestattet.

Damit letztere die nötige Widerstandskraft gegen Durchbiegungen erhalten, müssen dieselben eine gute Bauhöhe aufweisen; dies erreichbare Maß hängt einerseits von der Form des Schiffskörpers im Bereich der Maschinenbettung ab, anderseits wird es dadurch beeinflußt, ob bei dem in Frage stehenden Motor die zur Auflage auf die Hauptlängsträger kommende Unterkante der Grundschienen in gleicher Höhe wie die Kurbelwellenachse oder darüber bzw. darunter liegt. Im allgemeinen liegt sie um einige Zentimeter unter der Achsenebene, zumal in Höhe derselben meistens die Trennungsfuge zwischen Gehäuseober- und -unterteil verläuft.

Die Bauweise der Maschinenbettung muß sich sinngemäß und zweckdienlich der Bauart des Schiffsrumpfes und seinen inneren Verbänden eingliedern. Kleinere Motoranlagen können sich möglichenfalls mit zwei einfachen hölzernen balkenartigen Längsträgern begnügen, welche über den Querverbänden hinlaufen; ihre Länge sollte aber selbst bei kleinen Kraftleistungen das Zwei- bis Dreifache der Baulänge der Motoranlage selbst betragen.

Bei gedeckten Fahrzeugen mit einem zwischen zwei Querschotten liegenden Motorraum werden sich die Hauptlängsträger und damit die ganze Maschinenbettung von Schott zu Schott erstrecken müssen, während die Längsträger selbst darüber hinaus ins Vor- und Hinterschiff geführt werden müssen, um dort in die allgemeinen Längsverbände des Schiffskörpers überzugehen. Hieraus ergibt sich schon bei mittelgroßen, hölzernen Fahrzeugen die Anordnung eines aus Stahlblechen und Winkelprofilen gebauten, über einen größeren Teil der Bodenkonstruktion verlaufenden Maschinenfundaments.

Hölzerne Längsträger müssen reichlich hoch gemacht werden, um beim Einbau der Motoranlage nach genauer Achsenlage nötigenfalls abgehobelt zu werden. Gebaute Winkellängsträger dagegen werden von vornherein niedriger gehalten, um den genauen Ausgleich dann durch Holzzwischenlagen herbeizuführen, welche gleichzeitig in wirksamer Weise zur Geräuschdämpfung beitragen werden.

Sind hölzerne Längsträger vorgesehen, so sind die Grundschienen des Motors an den Stellen der Befestigungsschrauben mit kantigen Unterlegplatten zu versehen, welche nachträgliche Verschiebungen in der Längsrichtung bei arbeitendem Motor verhüten sollen.

II. Anordnung, Einrichtung und Ausstattung des Motorraums.

In der allgemeinen Anordnung ist grundsätzlich zu unterscheiden, ob ein offener oder geschlossener Motorraum vorgesehen ist. Ersterer findet sich überwiegend nur noch in kleinen offenen Verkehrsbooten, während neuerlich auch das offene Sportboot meistens die Aufstellung des Motors unter einem geschlossenen Überbau bevorzugt.

Auch ist man bei offenen Booten fast durchweg zur grundsätzlichen Trennung des Motorraumes von den für den Aufenthalt der Fahrgäste bestimmten Räumen übergegangen, sowohl aus Gründen der Bedienung wie der Sicherheit.

Die Abtrennung des gewöhnlich im Vorschiff angeordneten Maschinenraums erfolgt zweckmäßig durch ein Querschott, welches gleichzeitig wirksam zur Aussteifung des Rumpfes beiträgt. Alle für den Motorbetrieb und die Bootsführung erforderlichen Vorrichtungen sind dann am Führersitz beim Motor vereinigt.

1. Schutzkasten.

Bei Aufstellung des Motors in offenem Maschinenraum wird dieser zum Schutz gegen Witterungseinflüsse und Beschädigungen, sowie aus Gründen der Betriebssicherheit unter einem Schutzkasten aufgestellt.

Die Motorenwerke liefern manchmal nach Muster angefertigte Schutzkästen aus lackiertem Blech mit, von geräumiger Größe, aber oft plumper Form, welche durch aufklappbare Deckel und herausnehmbare Seitenteile gute Zugänglichkeit der Maschine ermöglichen.

Wird bei Luxusbooten auf geschmackvolle Ausführung des augenfälligen Schutzkastens Wert gelegt, so ist es ratsamer, die Anfertigung desselben der Bootswerft zu übertragen, damit er den räumlichen Verhältnissen und der übrigen Ausstattung angepaßt werden kann. Die Ausführung erfolgt in solchen Fällen meistens aus Holz, was zur Dämpfung der Maschinengeräusche merklich beiträgt.

Jeder Schutzkasten muß auch in geschlossenem Zustande reichlich frische Luft zutreten lassen und die Ausdünstungen entweichen lassen; er muß deshalb nach Bedarf mit Luftzuführungen und Entlüftungsschiebern versehen sein. Für größere Überholungsarbeiten muß er leicht entfernt werden können.

Bei offener Aufstellung bedürfen wichtige Betriebseinrichtungen, wie z. B. die Hochspannungszündvorrichtungen der Verpuffungsmotoren und die zugehörigen Kabelleitungen besonderer Sicherung gegen Wasserschlag. Jn solchem Falle sind für den Zündmagneten wasserdichte Einkapselung, für die Kabel besondere Isolierrohre vorzuschreiben.

2. Gedeckter Motorraum.

Findet der Motor unter einer durch eine teilweise Eindeckung des Bootskörpers gebildeten Schutzhaube Aufstellung, so ist auf gute Zugänglichkeit besonderer Wert zu legen. Für die nötige Luftzufuhr ist durch Aufsetzen von Windfängern zu sorgen. Ein Schutzkasten ist dann entbehrlich.

3. Geschlossener Motorraum.

Bei allen größeren gedeckten Fahrzeugen ergibt sich die Anordnung eines geschlossenen Motorraums von selbst. Sie ist aber auch, wenn irgend möglich, für Fahrzeuge zu fordern, welche ständig auf offenen Gewässern, an der Küste oder gar auf See verkehren sollen. Denn nur der schiffsmäßig geschlossene, geräumige Motorraum gibt die Möglichkeit störungsfreien Dauerbetriebes durch ständige Überwachung und Wartung der Motoranlage bzw. ermöglicht die Behebung von Störungen auch unter ungünstigen Umständen, wie solche bei der Seefahrt durch Änderung der Wetterlage, Unfälle oder Zufälligkeiten eintreten können.

Unter „geschlossenem Motorraum" werden hier solche Raumanordnungen verstanden, welche dem diensttuenden Maschinisten den dauernden Aufenthalt im Maschinenraum unter günstigen, gesundheitlichen Arbeitsverhältnissen ermöglichen, nicht aber enge Einschachtelung der Motoranlage unter Deck, welche die unbedingt erforderliche Zugänglichkeit vermissen läßt.

Luft und Licht. Der Motorraum wird bei den hier in Frage stehenden Fahrzeuggrößen fast stets mit einem das Deck überragenden Aufbau versehen sein, sei es, um volle Stehhöhe für die Bedienung zu erreichen, sei es, um genügend Licht und Luft dem Maschinenraum zuzuführen. Solcher Aufbau muß folglich vollkommen wettergebaut sein, so daß er auch schwerem Seeschlag Widerstand leisten kann; gewöhnlich wird er in zweckmäßiger und gefälliger Form aus Stahlblech gebaut werden.

Für gute Luftzufuhr und wirksame Entlüftung muß ausreichend gesorgt sein durch Anordnung von Windfangköpfen, Luftschiebern und aufklappbaren Fenstern. Wird für die Auspuffleitung ein Schornstein angeordnet, so wird dieser durch die Absaugewirkung der Abgase eine gute Entlüftung bewirken können.

Zugänglichkeit. Die Zugänglichkeit geschlossener Motorräume muß von Deck aus eine gute sein. Die Zugangsöffnungen sollen möglichst geschützt gegen Wind und Seeschlag sein, so daß sie auch bei schlechtem Wetter auf der Leeseite noch geöffnet gehalten werden können; Anordnung je einer Einsteigluke auf jeder Bordseite ist also zweckmäßig.

Es empfiehlt sich, einen der Niedergänge so nahe beim Bedienungsstande anzuordnen, daß bei geöffneter Luke eine unmittelbare Verständigung mit dem Maschinisten von Deck aus möglich ist.

Einrichtungen. In der Nähe des Bedienungsstandes ist eine Sitzgelegenheit vorzusehen. Größere Motorräume sind mit einer Werkbank auszustatten, an welcher einfachere Arbeiten ausgeführt werden können. Bedienungswerkzeuge für die Motoranlage und das erforderliche Handwerkszeug sind bei der Werkbank übersichtlich anzuordnen.

Die an Bord ständig mitzuführenden kleinen Ersatzteile sind sorgfältig, übersichtlich und leicht zugänglich unter Verschluß zu lagern.

Abschottung. Geschlossene Motorräume sind gegen die übrigen Schiffsräume durch wasserdichte Querschotten abzugrenzen. Verbindungstüren in letzteren sollten grundsätzlich verboten sein, sowohl aus Gründen der Betriebssicherheit der Maschinenanlage, für welche der diensttuende Maschinist ungestört verantwortlich sein muß, wie aus Gründen der Schwimmsicherheit und Feuersicherheit des Fahrzeuges.

III. Treibstofflagerung.

Sachgemäße Unterbringung der mitzuführenden Treibstoffe und Betriebsmittel ist von gleich großer Bedeutung für die Betriebssicherheit der ganzen Maschinenanlage wie für die Sicherheit des Schiffes.

1. Formgebung, Bauart und Unterbringung der Treibstoffbehälter.

Formgebung. Die für die werkseitig mitgelieferten Treibstofftanks übliche Form ist die zylindrische; ihr Fassungsvermögen reicht gewöhnlich für einen etwa zehnstündigen Vollastbetrieb aus. Diese Form empfiehlt sich ebensomehr aus Gründen einfacher und billiger Herstellung, großer Festigkeit gegen inneren wie äußeren Druck, wie leichter Einbaumöglichkeit.

Sind größere Treibstoffmengen für weiteren Fahrtbereich mitzuführen, so wird sich Form und Anzahl der Vorratsbehälter nach den zur Unterbringung verfügbaren Schiffsräumen richten müssen. Es wird dann ratsam sein, im Motorraum selbst nur einen Tagesbetriebsbehälter mäßiger Größe unterzubringen, die anderen Vorratsbehälter aber außerhalb zu lagern.

Selbst wenn die Form der Behälter, um den verfügbaren Raum möglichst auszunutzen, der Schiffsform angepaßt werden muß, sind vieleckige, scharfkantige Formen jedenfalls zu vermeiden. Immer bleibt es ratsam, einen rund umlaufenden Mantel und eingesetzte gewölbte Stirnböden zu verwenden, um Formfestigkeit und Widerstand gegen inneren Druck zu erreichen.

B a u a r t. Für die Wahl des Baustoffes und der Plattendicke ist die Größe und das Gewicht der im Behälter unterzubringenden Treibstoffmengen maßgebend. Größere Tanks müssen innere Versteifungen in Form von Ankern und Schlagplatten erhalten; letztere sollen dem stabilitätsmindernden Einfluß der freien Flüssigkeitsoberfläche entgegenwirken; der freie Umlauf der Luft im oberen, des Betriebsstoffes im unteren Teil des Behälters darf dadurch natürlich nicht beeinträchtigt werden.

Behälter für solche Betriebsstoffe, deren Entflammungspunkt unter 30^G C. liegt, also Benzin, Benzol, Spiritus, müssen bei Fahrzeugen, welche nach Vorschrift des Germanischen Lloyd erbaut werden, außerhalb des Maschinenraums untergebracht sein.

Kleine Behälter sind nach Vorschrift dieser Gesellschaft möglichst aus Kupfer, Messing oder galvanisiertem Eisenblech zu fertigen und müssen in den Nähten genietet und gelötet oder geschweißt sein. Für Benzin bestimmte Behälter sollten, wenn aus Messing oder Kupfer hergestellt, innen verzinnt, wenn dagegen aus Eisenblech bestehend, innen verbleit werden.

Da die Sicherheit des Verkehrs zu einem großen Teil von dem Dichthalten der Treibstoffbehälter abhängt, so sind diese für einen Innendruck in Höhe des doppelten Betriebsdruckes zu berechnen, umso mehr dann, wenn die Treibstofförderung unter Überdruck geschieht. Aus dem gleichen Grunde des Dichthaltens sind die Stoßfugen der Mantelplatten im oberen Teil der Behälter anzuordnen, so daß sie möglichst über dem normalen Flüssigkeitsstande liegen. Im Falle etwaigen Undichtwerdens kann alsdann nur Luft, aber kein Treibstoff entweichen.

Größere Behälter müssen zu Reinigungszwecken mit Hand- bzw. mit Mannlöchern versehen sein.

Lagerung. Freistehende Vorratsbehälter sollen nach Vorschrift des G.L. möglichst außerhalb des Motorraums untergebracht oder, wenn darin befindlich, so aufgestellt sein, daß sie nicht vom Motor und seinen Rohrleitungen, Hilfsmaschinen oder Heizvorrichtungen erwärmt werden können; ein Entweichen des Treibstoffes oder feuergefährlicher Gase muß ausgeschlossen sein.

Befestigung. Die Lagerung und Befestigung der Behälter im Schiff muß derart erfolgen, daß sie entsprechend der in gefülltem Zustande auftretenden Belastung gut unterstützt und nach allen Seiten hin so abgesteift sind, daß sie ihre Lage nicht verändern können. Sie dürfen mit keinem ihrer Teile zur Versteifung des Schiffskörpers herangezogen werden und müssen lösbar befestigt sein. Die Lagerungen werden zweckmäßig aus Holz hergestellt; die Befestigung auf diesen muß mittels Stoppern und umgelegten Bandeisenschienen geschehen. Die Anbringung von Befestigungsringen, -Haken oder dergleichen an den Behältern selbst oder deren Armaturen ist unzulässig, da solche Vorrichtungen bei starken Schiffsbewegungen oder plötzlichen Erschütterungen ausreißen können und dann ein Leckwerden des Behälters verursachen.

Standmesser. Erhalten die Behälter gläserne Standrohre, so sind diese absperrbar einzurichten und mit Schutzvorrichtungen zu versehen. Diese Absperrvorrichtungen müssen von Deck aus betätigt werden können, wenn der Entflammungspunkt des Betriebsstoffes unter 30^0 C. liegt. Es ist letzteres eine durch die praktische Erfahrung gebotene sehr wichtige Bestimmung, weil bei Explosionsfällen oder Ausbruch von Feuer im Maschinenraum dieser geräumt werden mußte und nicht mehr betretbar war, so daß die Absperrorgane der Treibstoffzufuhr im Innern nicht mehr zugänglich waren.

Unterbringung. Die Forderungen des G.L. und der S.B.G. stimmen darin überein, daß Vorratsbehälter von solchen Betriebsstoffen, deren Entflammungspunkt unter 30^0 C. liegt — dies sind also alle die für Verpuffungsmotoren in Betracht kommenden Leichtöle — außerhalb des Maschinenraums untergebracht sein müssen; eine Forderung, der bei kleineren gedeckten Fahrzeugen praktisch nur schwer entsprochen werden kann aus Gründen der Raumeinteilung. Denn die S.B.G. schreibt in einer Zusatzbestimmung zu ihrem die Motorboote betreffenden § 101 ausdrücklich vor:

„Alle gedeckten Motorboote müssen Trennungsschotten zwischen dem Motorraum und den Fahrgast-, Fracht- oder

Mannschaftsräumen erhalten. Bei gedeckten stählernen Motorbooten müssen diese Schotten wasserdicht sein.

Da solche Treibstoffbehälter sowohl aus betriebstechnischen wie aus Sicherheitsgründen schlechterdings auch nicht in einer der in dieser Vorschrift erwähnten anderen Raumgruppen eingebaut werden können, bleibt — um diesen Forderungen zu entsprechen — nichts übrig, als für die Behälter eine gesonderte abgeschottete Abteilung zu schaffen. Bei größeren Fahrzeugen, bei deren Länge solche Raumunterteilung möglich ist, wäre diese Lösung der Lagerungsfrage jedenfalls die allerbeste.

2. Füllvorrichtung der Treibstoffbehälter.

Hierzu schreibt der G.L. vor, daß das Füllen der Behälter nur von Deck aus oder von außenbords durch ein besonderes Füllrohr stattfinden darf, während ein zweites Rohr die Luft und Gase ins Freie entweichen läßt.

Auffüllen. Der Hauptgesichtspunkt beim Auffüllen der Behälter und der Triebstoffübernahme überhaupt muß sein, zu verhüten, daß beim Füllen bzw. durch unbeachtetes Überlaufen des aufgefüllten Behälters Treibstoff in das Schiffsinnere gelangt, dort verdunstet und leicht zündbares Gasgemisch bildet. Das Auffüllen mußt also mit der nötigen aufmerksamen Sorgfalt geschehen; es ist stets ratsam, die Behälter nicht vollständig aufzufüllen, sondern einen Luftraum von etwa 10 % bei kleineren, 5 % bei größeren Behältern freizulassen. Erfolgt die Entnahme des Treibstoffes unter Überdruck, so ist solcher Luftraum über der Treibstoffoberfläche im Behälter auch aus Betriebsgründen praktisch unerläßlich.

Füllrohr. Es läge daher nahe, um solches Überlaufen von Treibstoff bei unter Druck befindlichen Vorratsbehältern zu verhüten, deren Füllöffnung mit einem in Deck mündenden Füllrohr zu versehen. Hiervon muß aber deshalb abgeraten werden, weil zu befürchten ist, daß bei starkem Arbeiten des Fahrzeuges im Seegang das Deck unter den Zug- und Druckbeanspruchungen sich gegenüber der Ruhelage begibt und dann in solchem Füllrohr Undichtigkeiten eintreten, welche erst recht zu einem Entweichen des bei Schlagseite überlaufenden Brennstoffes führen würde, was umso gefahrvoller wäre, als es unbeobachtet geschieht.

Fülltrichter. Geschieht das Auffüllen mittels Trichter, so empfiehlt der G.L. solche, welche auf den Behälter aufgeschraubt werden können, wohl in der Absicht, das Überlaufen zu verhüten. Es ist aber zu bedenken, daß, wenn das Auffüllen nicht durch

Überpumpen von an Land liegenden Fässern, sondern durch Eingießen aus von Hand gehaltenen Kanistern geschieht, diese mit ihrem Schwergewicht auf dem Trichterrand lastenden Trichter verbiegen und dadurch das Einschraubgewinde sehr bald ungängig machen werden.

Um das Überspritzen des hereinsprudelnden Treibstoffes, welches durch die aus dem Behälterinnern entweichende Luft in unangenehmer Weise vermehrt wird, zu verhüten, empfiehglt sich die Benutzung doppelwandiger Trichter.

3. Treibstoff-Entnahme-Einrichtungen.

Grundsätzlich kann die Förderung des Treibstoffes vom Behälter zum Motor in dreierlei Weise geschehen:

a) Treibstoffzufluß mit Gefälle.

Soll der Treibstoff der Verbrauchsstelle selbsttätig zufließen, so bedingt dies eine angemessene Höherlage des Behälters gegenüber der Verbrauchsstelle; und zwar derart, daß der Zufluß auch dann gesichert ist, wenn durch Änderungen in der Trimmlage des Fahrzeuges, bei Schlagseite oder in den Bewegungen bei Seegang dieser Höhenunterschied sich ändern sollte.

Eine entsprechend hohe Unterbringung der Vorratsbehälter an Bord ist im allgemeinen auf Grund der Raumverhältnisse nicht möglich; es sei denn, daß der Behälter an Deck gelagert werden sollte. Sie ist aber auch in hohem Maße unerwünscht wegen der sich hieraus ergebenden ungünstigen Beeinflussung der Stabilitätsverhältnisse durch Höherrückung des Systemschwerpunktes und wegen des sehr nachteiligen Einflusses der Flüssigkeitsmasse des Treibstoffes auf die dynamische Stabilität bei Schlingerbewegungen.

Der freie Zufluß des Treibstoffes vom Behälter zur Verbrauchsstelle erscheint aber auch bedenklich, weil dann notwendigerweise die Entnahmestelle am tiefsten Punkt des Behälters liegen muß. Hier etwa eintretende Undichtigkeiten müssen dann das Auslaufen des Behälters zur Folge haben mit allen sich hieraus ergebenden Gefahren für das Fahrzeug.

Eine weitere Gefahr des freien Zuflusses zur Verbrauchsstelle am Motor ist motorbetriebstechnischer Art, indem dieser jeweils nur eine ganz bestimmt bemessene Treibstoffmenge verarbeiten kann.

b) Treibstofförderung unter Überdruck.

Diese Anordnung bietet den praktisch sehr wichtigen Vorteil, daß alsdann die Unterbringung des Vorrats- oder Verbrauchsbehälters unabhängig wird von der Lage zur Verbrauchsstelle, so daß die Unterbringung lediglich nach den jeweiligen Gesichtspunkten der Raumverhältnisse an Bord erfolgen kann im Einklang mit den Anforderungen günstiger Stabilitätsverhältnisse und richtiger Trimmeigenschaften.

Selbstverständliche Voraussetzung, aber nicht immer leicht erfüllte Forderung dieser Anordnung, ist vollständige Druckdichtigkeit des Behälters und aller Leitungen.

Die oben erläuterten Gefahren der Undichtigkeit an der tief gelegenen Entnahmestelle bei freiem Zufluß werden vermieden, da die Entnahme durch ein im Innern des Behälters angebrachtes Steigrohr erfolgt, welches oben aus dem Behälter herausführt.

Der Überdruck wird im allgemeinen dadurch erzeugt, daß entweder atmosphärische Luft oder Auspuffgase durch eine an der Abgasleitung angeschlossene Reduzierventil-Leitung auf die Treibstoffoberfläche im Behälter geführt werden, so daß dieser Überdruck auf der Flüssigkeitoberfläche lastet und den Treibstoff in die Entnahmeleitung preßt.

Auch bei der Überdruckförderung besteht noch die Gefahr, daß gegebenenfalls ein Zufluß von Treibstoff zur Verbrauchsstelle erfolgt zu unerwünschtem Zeitpunkt oder in unerwünschter Menge. Letzteres wird vermieden durch die

c) Unterdruck-Förderung.

Weil die Überdruckförderung vollständige Luftdichtigkeit des Treibstoffbehälters und aller zugehörigen Rohrleitungen erfordert, kann die geringste Undichtigkeit eines dieser Teile die Brennstoffzufuhr unterbinden und damit die Betriebsmöglichkeit des ganzen Fahrzeuges in Frage stellen.

Diese Störungsquelle scheidet bei der Unterdruckförderung aus; der Behälter muß sogar mit der Außenluft in Verbindung stehen, damit bei eintretendem Treibstoffverbrauch die entsprechende Luftmenge in den Behälter gelangen kann.

Da die Überdruckzuleitung von der Luftpumpe bzw. der Auspuffleitung in Fortfall kommt, ist nur eine Rohrleitung vom Behälter zur Verbrauchsstelle erforderlich. Verlegung und Instandhaltung werden also vereinfacht; die empfindlichen Abdichtungen fallen fort; die Gefahr des Einfrierens der Entnahmeleitung besteht nicht, da bei stillstehender Maschine die Leitungen leer sind.

Im Betriebe saugt sich die Maschine selbsttätig nur so viel Treibstoff an, als sie für ihren selbsttätig sich regelnden Betrieb jeweils benötigt.

Die Vorteile in der Unabhängigkeit der räumlichen Unterbringung des Behälters im Verhältnis zur Verbrauchsstelle sind die gleichen wie bei der Überdruckförderung.

4. Entnahme-Leitungen.

Für die Zuführung des Treibstoffes schreibt der G.L. vor, daß die Speiseleitung zum Motor nach Möglichkeit gegen mechanische Beschädigungen gesichert und am Behälter mit einer Absperrvorrichtung versehen sein muß.

Geschützte, aber überall gut zugängliche, übersichtliche Verlegung der Rohrleitungen ist erstes Anfordernis für den praktischen Einbau an Bord. Namentlich ist zu verhüten, daß die Leitungen durch Auftreten eingebeult oder beschädigt werden können.

Die Leitungsrohre sind, soweit es die Verlegung erlaubt, in möglichst großen Längen herzustellen und müssen an allen Verbindungsstellen hart gelötet sein. Die Verbindung der einzelnen Rohrenden unter sich geschieht bei Leitungen für Petroleum, Benzin usw. mittels konisch dichtender Verschraubungen, die stets zugänglich sein müssen; bei Schwerölbetrieb sind auch Flanschenverbindungen zulässig, außer bei der Druckleitung zwischen Brennstoffpumpe und Arbeitszylinder.

Die Rohrleitungen müssen mit Rücksicht auf die Betriebserschütterungen und Wärmeausdehnung verlegt und zur Erzielung einer elastischen Verbindung mit Schleifen oder Krümmungen versehen werden. Die Möglichkeit der Bildung von Luft- oder Wassersäcken ist zu verhüten; Entleerungsmöglichkeit muß vorgesehen sein.

Die Zuführung des Treibstoffes zu den Arbeitszylindern muß, unabhängig von einer etwa vorhandenen Handregulierung der Fördermenge, bei etwaiger Überschreitung der zulässigen Drehzahl durch einen Sicherheitsregler eingestellt werden können.

Bei Ölmotoren müssen die Leitungen zwischen den Druckventilen der Brennstoffpumpen und den Einspritzventilen an den Arbeitszylindern mit einer besonderen Handluftpumpe oder sonstwie in zuverlässiger Weise aufgefüllt und zu diesem Zweck entlüftet werden können.

Weiter schreibt der G.L. vor, daß bei Gleichdruckmaschinen die Pumpen zur Förderung des Betriebsstoffes so anzubringen sind, daß die Zugänglichkeit zu den Ventilen, insbesondere den Druckventilen, auch während des Betriebes gewahrt bleibt.

5. Sicherheitsvorkehrungen bei der Treibstofflagerung.

Gefahrdrohend sind lediglich die leichtflüssigen Treibstoffe mit niedrigem Entflammungspunkt wegen Feuers- und Explosionsgefahr. Diese Gefahrenquellen müssen nach Möglichkeit durch entsprechende Sicherheitsvorkehrungen beschwichtigt werden.

Die Größe solcher Gefahren sollte jedoch nicht überschätzt werden. Andernfalls würden die zuständigen Aufsichtsbehörden das Motorbootswesen sicherlich mit sehr viel mehr einschränkenden Bestimmungen beglückt haben, was jedoch erfreulicherweile nicht der Fall ist. Hierin darf eine amtliche Anerkennung der nur geringen Gefährlichkeit, insbesondere des Bordbetriebes von Verpuffungsmotoren erblickt werden, was auch durchaus den Tatsachen entspricht, sachgemäße Anordnung und Instandhaltung der ganzen Betriebsanlage und sorgfältiges Verhalten namentlich bei der Brennstoffübernahme vorausgesetzt.

Solche Sicherungsvorkehrungen für die Brennstofflagerung sind besonders dann angebracht, wenn es sich um die Mitführung großer Mengen leicht endzündlicher Treibstoffe an Bord oder um Fahrzeuge für Sonderzwecke handelt, z. B. um Motorfahrzeuge für die Beförderung von Petroleum oder ähnlichen Flüssigkeiten.

So bestand z. B. für Motortankkähne in der Rheinschiffahrt vor dem Kriege eine Regierungsverordnung, welche auf diesen Fahrzeugen für die Lagerung und die Rohrleitungen der Benzinmotoren das System der Firma Martini & Hüneke oder gleichwertige Einrichtungen vorschrieb. Kennzeichnend für diese Anordnung ist, daß nicht nur eine sauerstoffarme Gasschicht im Vorratsbehälter über der Oberfläche des Treibstoffes lagert und diesen unter Überdruck der Verbrauchsstelle zuführt, sondern daß auch sämtliche Rohrleitungen und Armaturen doppelwandig ausgeführt sind und derart von dem Schutzgas ummantelt sind, daß bei irgendeiner eintretenden Undichtigkeit entweder austretender Treibstoff nur in die Schutzgasummantelung gelangen kann oder aber bei einem Undichtwerden der Schutzmantelleitung durch den dann entweichenden Gasdruck der Treibstoff nach dem Vorratsbehälter zurücktritt, da alsdann in diesem der zur Förderung erforderliche Überdruck fehlt.

6. Verbrauchsmessung.

Praktisch wichtig ist es für die Schiffsführung, sich jederzeit über den noch vorhandenen Treibstoffvorrat unterrichten zu können, ohne die schwierige und unsichere Feststellung mittels Peilstock.

Derartige Meßvorrichtungen sind in den letzten Jahren in verschiedener Ausführungsform an den Markt gekommen, welche selbstverständlich immer eine Komplikation der Rohrleitungsanlage mit sich bringen. Am bekanntesten sind die Maximal-Kontrolluhr und der Hüttenlocher „Pfeil"-Standanzeiger, welche beide es gestatten, am Schiffsführerstand den Verbrauch bzw. den Vorrat abzulesen.

IV. Kühlwasserförderung.

Die Kühlungsverhältnisse liegen für den Schiffsmotor denkbar günstig, indem kaltes Wasser in beliebiger Menge außenbords zur Verfügung steht. Man ist beim Bordbetrieb also nicht auf die bei Landfahrzeug-Motoren gebotene Umlaufkühlung mit Rückkühlvorrichtung angewiesen, sondern kann im allgemeinen Durchflußkühlung anwenden.

Durchflußkühlung. Der Motor saugt sich mit einer geeigneten Pumpe das Kühlwasser selbsttätig an, drückt es durch die Kühlräume und läßt es wiederum nach außenbords ablaufen. Mit Rücksicht darauf, daß die Kühlwasserpumpe in vielen Fällen örtlich über der Höhe der Außenwasserfläche sitzt, muß sie imstande sein, die sich ergebende Saughöhe zu überwinden. Es sind deshalb Kolben- oder Zahnradpumpen zu bevorzugen; Zentrifugalpumpen nur dann, wenn die örtliche Anordnung derart ist, daß mit einem selbständigen Zulauf des Wassers zur Pumpe gerechnet werden kann.

Wärmeregulierung. Die möglichen starken Wärmeunterschiede des zufließenden Wassers machen es erforderlich, in der Kühlwasserzuleitung zu den Zylindern Drosselorgane vorzusehen zwecks richtiger Wärmeregulierung.

Schlammkasten. Bei flachgehenden Fahrzeugen, in seichten und sandigen Gewässern ist es geboten, beim Kühlwassereintritt einen Schlammkasten in die Zuleitung einzuschalten, in welchem sich die Unreinigkeiten ablagern. Selbstverständlich ist der Eintrittstutzen mit einem Sieb zu versehen, um größere im Wasser treibende Fremdkörper fernzuhalten.

Kühl- und Lenzleitung. Der G.L. schreibt vor, daß für Fahrzeuge, welche außerhalb des Bereiches der kleinen Küstenfahrt verkehren, zwei in ihrem Antrieb von einander unabhängige Kühlwasserpumpen vorzusehen sind, deren einzelne Förderleistung für die gesamte erforderliche Kühlleitung ausreichen muß; jedoch wird auch für Schiffe mit zwei Motoren eine gemeinsame Reserve-Kühlwasserpumpe als ausreichend erachtet. Bei Maschinen mit Leistungen unter 200 PS. darf als zweite Kühleinrichtung eine Lenzpumpe genommen werden, wenn sie so eingerichtet ist, daß sie entweder nur lenzen oder nur kühlen kann. Umgekehrt läßt sich auch bei den meisten Motortypen die Anordnung treffen, daß die vom Motor angetriebene Lenzpumpe gegebenenfalls zum Lenzen der Bilge benutzt werden kann. Dient der Motor jedoch nur als Hilfsmaschine auf Segelschiffen, so genügt stets eine Kühlpumpe.

Zu- und Ableitung. Hinsichtlich der Zu- und Ableitung des Kühlwassers verlangen G.L. und S.B.G., daß das Saugrohr am Schiffsboden mit einer Absperrvorrichtung zu versehen ist, desgleichen das Austrittsrohr, sofern es unterhalb der Schwimmwasserlinie in die Bordwand mündet. Letztere Anordnung ist möglichst zu vermeiden, da es die Überwachung ordnungsmäßigen Arbeitens des Kühlwasserleerlaufs sehr erleichtert, wenn man das Herausprudeln des Abwassers beobachten kann.

Das abfließende Kühlwasser ist an den höchsten Stellen der Kühlräume abzuführen und muß durch Thermometer oder von Hand auf seine Endtemperatur geprüft werden können.

Entwässerung. Richtiger Entwässerung wegen muß das Kühlwasser aus den Kühlräumen und -Leitungen an den tiefsten Stellen abgelassen werden können. Die Kühlräume der Maschine selbst sind an geeigneten Stellen mit Reinigungsöffnungen zu versehen; dies ist ebenso wichtig, um beim Neubau der Maschine die Formsand- und Bearbeitungsrückstände zu entfernen, wie im Betriebe die sich allmählich ansammelnden Ablagerungen beseitigen zu können.

Das abfließende erwärmte Kühlwasser kann zur Wärmeabgabe an Heizkörper verwertet werden; gelegentlich hat man auch die Abflußleitung in das Auspuffrohr einmünden lassen. Diese Anordnung erscheint jedoch wenig ratsam, da dies zu starker, störender Dampfentwicklung führt, welche ein beschleunigtes Durchrosten der betreffenden Leitungsteile zur Folge hat.

V. Auspuffleitung.

Glatte Abführung der Abgase von der Maschine ins Freie ist aus motortechnischen wie aus Sicherheits- und Gesundheits-Gründen erforderlich.

Innere Widerstände in der Auspuffleitung setzen die Motorleistung herab; möglichst gradlinige Verlegung ist daher geboten, zumal an scharfen Krümmungen Wärmestauungen auftreten und Geräuschbildungen sich einstellen.

Die ganze Auspuffleitung ist vor allem so anzulegen, daß sie keine Gefahrenquelle bietet; sie kann zu einer solchen werden einerseits durch unzulässige Erwärmung bis zur Feuergefahr, anderseits durch Entweichen der giftigen Verbrennungsgase.

Auspuffsammelrohr. Die Abgase der einzelnen Arbeitszylinder werden meistens durch kurze Krümmer in ein gemeinsames Auspuffsammelrohr geleitet, welches zweckmäßig wassergekühlt auszuführen ist; wünschenswert ist es, wenn dieser Kühlmantel bis zum Auspufftopf weitergeführt wird. Der Auspufftopf selbst sollte möglichst dicht am Motor untergebracht, wenn möglich an diesem unmittelbar angebaut werden.

Isolierung. Übermäßige Erhitzung des Auspuffrohrs wird am wirksamsten durch Wasserkühlung vermieden. Die unerwünschte Abgabe strahlender Wärme ist durch sachgemäße Isolierung zu verhüten oder mindestens zu mildern. Es ist deshalb auch zu vermeiden, daß die Auspuffleitung zu nahe an Treibstoffbehältern vorbeigeführt wird; ist dies in Einzelfällen unvermeidbar, so sind die Behälterwände wirksam gegen schädliche Erwärmung zu schützen durch isolierende Abdeckung.

Bei neuzeitlichen Fahrzeugen wird der Auspuff häufig unmittelbar aus dem Maschinenraum durch einen Schornstein ins Freie geführt; bei Segelfahrzeugen mit Hilfsmotor hat man in Einzelfällen auch schon hohe Masten als Auspuffleitung benutzt.

Kommt eine nach hinten geführte Abgasleitung zur Anwendung, so muß sie hinter dem eigentlichen Auspufftopf wegen unerwünschter Wärmestrahlung sorgfältig isoliert werden. Im allgemeinen genügt hierzu ein Umwickeln der Rohrleitung mit dicker Asbestschnur.

Sicherung. Die Anordnung und Befestigung solcher im Schiffsinnern verlaufenden Auspuffleitung muß derartig erfolgen, daß die freie Ausdehnung der Leitungsrohre nicht gehindert wird. Sie muß ferner auf das sorgfältigste gegen Entweichen der schwergiftigen Abgase in das Schiffsinnere gesichert werden.

Mündet der Auspuff in der Nähe des Wasserspiegels, so muß nach G.L. eine Vorkehrung getroffen werden, die verhindert, daß Wasser in den Auspufftopf und von dort in die Maschine gelangen kann. Es empfiehlt sich deshalb, unmittelbar vor dem Austritt die Rohrleitung in einer Krümmung unter Deck hochzuführen.

Schalldämpfung. Besondere Beachtung verdient noch die Frage möglichster Abdämpfung der Auspuffgeräusche. In erster Linie ist hierauf die Größenabmessung und Anordnung des Auspuffrohres von Einfluß. Außer diesem ist noch die Einschaltung eines Schalldämpfers empfehlenswert.

Unterwasserauspuff. Gerade mit Rücksicht auf die Geräuschdämpfung hat man vielfach geglaubt, den Unterwasserauspuff bevorzugen zu sollen. Hierbei ist zu bedenken, daß alsdann die Auspuffgase den Widerstand der Wassersäule zu überwinden haben, was einen Arbeitsverlust für die Maschinenleistung bedeutet. Dieser Nachteil kann dadurch vermindert werden, daß man die Auspuffleitung in der Nähe des Propellers dort austreten läßt, wodurch das vorbeiströmende Wasser eine absaugende Wirkung zu erwarten, ein Gegendruck also weniger zu befürchten ist. Die Gefahr des Eindringens von Wasser in die Maschine liegt natürlich sehr nahe, sowie sich irgendwie ein luftleerer Raum in der Auspuffleitung bildet, oder etwa durch verkehrtes Anspringen des Motors eine saugende Pumpenwirkung auftritt. Derartige Erscheinungen zeigten sich bei den ersten teils mit Doppelschrauben, teils mit drei Maschinenanlagen ausgestatteten U.-Bootsuchern der deutschen Marine und führten zu schweren Betriebsstörungen an den Maschinen infolge Wasserschlages. Wirksame Abhilfe mußte durch Anordnung von Sicherheitsventilen an der Auspuffleitung geschaffen werden, welche bei eintretender Luftleere diese sofort behoben.

VI. Kupplungen und Wendegetriebe.

Die gewöhnliche Verbrennungskraftmaschine arbeitet stets im gleichen Drehsinn. Um sie also für den Bordbetrieb der Anforderung prompter Manövrierfähigkeit anzupassen, muß — wenn und so lange die unmittelbare Umsteuerbarkeit nicht vorhanden ist — zwischen Motor und Wellenleitung als Zwischenglied eine Vorrichtung eingeschaltet werden, welche es ermöglicht, den Drehsinn der Schiffsschraube beliebig zu wechseln.

Eine starre Verbindung der Schraubenwelle mit dem Motor kommt ohnehin nicht in Betracht, um die Maschine in unbelastetem Zustande anwerfen oder auch im Leerlauf auf dem Stand erproben zu können, und anderseits nach Bedarf die Schiffsschraube schnell auskuppeln zu können, um damit die Fahrt aus dem Schiff zu bringen, während der Motor selbst in Gang bleiben muß, um jederzeit augenblicklich wieder eingekuppelt werden zu können. Die hierzu erforderliche Kupplung wird häufig mit dem Schwungrad und dem Wendegetriebe konstruktiv in Verbindung gebracht.

Es liegt auf der Hand, daß beiden Vorrichtungen, sowohl der Kupplung wie dem Fahrtrichtungswechsel, im Bordbetriebe besondere Bedeutung zukommt und nur derartige Vorrichtungen in Betracht kommen können, welche die beste Wirkungsweise und die weitgehendste Betriebssicherheit gewährleisten; hängt doch von ihnen die Sicherheit nicht nur des eigenen Fahrzeuges, sondern des gesamten Schiffsverkehrs in weitestem Umfange in erster Linie ab.

Kupplungen. Im Laufe der Jahre haben sich verschiedene Systeme herausgebildet, als deren wesentlichste hier

die Klauenkupplung,
die Konuskupplung,
die Reibungskupplung,
die Federbandkupplung und
die Lamellenkupplung

genannt seien. Die konstruktive Formgebung aller dieser Vorrichtungen ist für Bordzwecke gleichmäßig an den Grundsatz möglichster Raumersparnis sowohl in der achsialen Längenerstreckung, als namentlich im Durchmesser gebunden. Oft genug geben gerade die Abmessungen von Kupplung und Wendegetriebe den Ausschlag für die Verwendbarkeit einer bestimmten Motortype im Einzelfall. Diese Forderung gedrungener Bauart bietet anderseits merkliche Schwierigkeiten in der Beherrschung der auftretenden Kräfte; denn auch der nötige Kraftaufwand zur Betätigung dieser Vorrichtungen darf kein allzu großer werden.

a) Klauenkupplungen sind wenig beliebt wegen des harten, weil plötzlichen Eingriffs, der hieraus sich ergebenden schnellen Abnutzung, starken Beanspruchung und Gefahr des Unbrauchbarwerdens; sie kommen eigentlich nur in Betracht als im Fahrbetrieb starre Kupplungen, die äußerstenfalls nur bei ganz langsam laufender Maschine eingerückt werden sollten. Die Verwendungsmöglichkeit von Klauenkupplungen ist also eine sehr beschränkte.

b) Konuskupplungen ergeben einen sicheren Eingriff, da der Schleifring sich in die konische Ausdrehung des Schwungrades fest einpreßt und damit die Propellerwelle mitnimmt. Bei dieser Anordnung kann der Vorwärtsschub der Schraube wirksam ausgenutzt werden, um den Anpressungsdruck zu erzeugen, so daß Vorrichtungen für Zusatzdruck entbehrlich werden. Voraussetzung hierfür ist die Verschiebbarkeit der Propellerwelle, was aus sonstigen schiffbaulichen Gründen an und für sich nicht erwünscht ist. Das Drucklager sollte alsdann möglichst an der Schwungradseite im Kurbelgehäuse angeordnet werden, um wenigstens die Triebwerkteile des Motors vom Schraubenschub zu entlasten. Ist das Schwungrad an der Stirnseite angeordnet, so müßte hinten eine besondere Kupplungstrommel vorgesehen werden.

c) Auf obige Verschiebbarkeit der Schraubenwelle kann verzichtet werden, sobald der Anpressungsdruck nicht achsial, sondern radial ausgeübt wird. Die kostenlose Ausnutzung des Anpressungsdruckes der Schraube entfällt alsdann; dieser Verzicht muß durch anderweitige Konstruktionsmittel erkauft werden, um den nötigen Anpressungsdruck zu erhalten. Dies geschieht bei den Reibungskupplungen durch Auseinanderpressen von geteilten Ringen, einfachen oder geteilten Federbändern, welche — auseinandergetrieben — auf dem größten Durchmesser des ausgedrehten Schwungrades bzw. Kupplungstrommel zur Anlage kommen.

d) Spiralförmige Federbandkupplungen, welche — im allgemeinen mit der Kurbelwelle verbunden — sich um einen trommelartigen, auf der Schraubenwelle sitzenden Zylinder winden, werden durch Hebelbetätigung oder andere Übertragungsmittel zur Anspannung und dadurch zum allmählichen, aber gleichmäßigem Mitnehmen der Propellerwelle gebracht. Diese Anordnung gestattet trotz verhältnismäßig kleinem Raumbedarfs noch die Übertragung vergleichsweise großer Kräfte bei niederer Drehzahl (etwa $n = 800$ i. d. M.), während bei höherer Drehzahl sich die Zentrifugalkräfte störend bemerkbar machen. Gekapselte Federbandkupplungen sind sehr empfindlich hinsichtlich der Schmierung: zu trocken gefahren, fressen sie; bei zuviel Öl dagegen rutschen sie.

e) Nicht minder wirkungsvoll arbeiten die aus mehrfach geschichteten Scheiben, welche abwechselnd mit der Kurbelwelle bzw. mit der Schraubenwelle starr verbunden sind, bestehenden Lamellenkupplungen. Kupplungen, welche das Schwungrad als Kupplungskörper benutzen, haben durch den großen Durchmesser den Vorteil niedrigen spezifischen Flächendruckes und sicherer Kraftübertragung. Ein besonderer Belag des Kupplungskonusses mit Leder, Asbest, Ferrodo oder sonstigen Mitteln ist nicht nur entbehrlich, sondern führt im praktischen Betrieb häufig zu Bedienungsstörungen, da es sodann oft nicht gelingt, die Kupplung ohne weiteres nach Wunsch zu lösen; auch auf Metallringe kann verzichtet werden, da Gußeisenringe sicht gut bewährt haben.

f) Gekappselte Konusgetriebe, die nur im Zusammenbau mit Wendegetrieben vorkommen, bedingen wegen des kleinen Durchmessers besonders gute harte Baustoffe mit Rücksicht auf die starke Abnutzung. Ein Nachteil derselben ist, daß sie im Ölbade laufen müssen, was bei Verwendung ungeeigneter Baustoffe leicht zum Rutschen führen kann.

Wendegetriebe. Dienen die Kupplungen dazu, um die beliebig lösbare Verbindung zur Bewegungsübertragung von der Motortriebwelle auf die Propellerwelle zu bewirken, so bedarf es bei eindeutigem Drehsinn der Antriebsmaschine für den Bordbetrieb noch einer Vorrichtung, welche es ermöglicht, die Umlaufrichtung des

Propellers nach Bedarf zu wechseln. Dies geschieht durch das Wendegetriebe.

Als Übertragungsmittel können hier
Riemen,
Reibräder.
Zahnräder.
Planetenwendegetriebe oder
Flüssigkeitsgetriebe

in Betracht kommen.

a) Riemengetriebe erwiesen sich als wenig zuverlässig wegen der Dehnbarkeit und Empfindlichkeit des Leders gegen Witterungs- und sonstige Einflüsse. Sie kamen daher sehr bald in Fortfall.

b) Die nächste Stufe in der allgemeinen Entwicklung bildete die Kraftübertragung durch Reibräder, welche bei Rückwärtsgang zur Wirkung kommen, während sie bei Vorwärtsfahrt außer Eingriff blieben. Da es sich um die Übertragung rollender Reibung handelte, reichte diese Vorrichtung nur aus, solange es sich um vergleichsweise kleine zu übertragende Kräfte handelte; und auch dann war sie unzuverlässig wegen des leicht eintretenden Gleitens, namentlich sobald die Reibräder durch Wasser oder gar Öl schlüpfrig wurden; ferner war der Raum- und Gewichtsanspruch dieser Anordnung ein großer. Auch diese Ausführungsart ist volltändig veraltet.

c) Zahnrad-Wendegetriebe. Neuzeitliche Wendegetriebe weisen deshalb allgemein Kegelzahnradanordnung auf, welche eine durchaus zwangläufige, daher zuverlässige und betriebssichere, dabei räumlich kleine, verhältnismäßig leichte und einfache Lösung ergibt.

d) Planetenwendegetriebe verwenden im allgemeinen Stirnräderantrieb auf der Antriebswelle und der Kupplungswelle unter Zwischenschaltung von Anpressungsbändern oder Konus für Vorwärts- und Rückwärtsgang. Sie werden mit geschlossenem Gehäuse ausgeführt, da sie im Ölbad arbeiten müssen.

Eine Zwischenstufe bildet das Magirus-Wendegtriebe, welches teils mit Flüssigkeitsdruck, teils mit Lamellenanpressung arbeitet.

e) Die reinen Flüssigkeitsgetriebe bilden die neueste Stufe und sind noch in der Entwicklung und Durchbildung begriffen. Sie bieten, ähnlich wie die elektrische Übertragung, den räumlichen Vorteil, daß Antriebsmaschine und Propellerantrieb nicht in unmittelbarem, örtlich-liniarem und mechanischem Zusammenhang zu stehen brauchen, sondern daß die Antriebsmaschine beliebig und unabhängig vom Propeller angeordnet werden kann. Der Richtungswechsel erfolgt durch ein umschaltbares Pumpwerk, welches gleichzeitig so durchgebildet werden kann, daß der Propeller mit anderer Drehzahl arbeitet als der Antriebsmotor (Föttinger Transformator, Universalgetriebe, Magirusgetriebe, Sodengetriebe).

Bei allen auf Reibung beruhenden Kraftübertragungen tritt selbstverständlich bei längerem Gebrauch eine natürliche Abnutzung der beanspruchten Teile ein; es ist deshalb von vornherein auf die Anordnung der Nachstellbarkeit Bedacht zu nehmen. Anderseits muß unnötige Abnutzung vermieden werden, also z. B. zu langes Schleifenlassen der Kupplung.

Übersetzungsgetriebe. Der Erwähnung bedürfen noch in diesem Zusammenhang die Übersetzungsgetriebe, welche dazu dienen, bei hoher Umlaufszahl der Antriebsmaschine, welche häufig durch das damit erkaufbare geringe Maschinengewicht erwünscht ist, trotzdem eine so niedrige Umdrehungszahl des Propellers zu erhalten, daß ein günstiger Wirkungsgrad desselben erreicht wird.

Derartige Übersetzungsgetriebe, wie sich solche z. B. auch im Flugmotorenbau bewährt haben, werden alsdann in besonderem Gehäuse unmittelbar an die Antriebsmaschine angebaut. Kupplung, Wendegetriebe und Drucklager stehen dann erst mit der Laufwelle dieses Übersetzungsgetriebes in Verbindung.

So wird z. B. der bekannte 60 PS-Sechszylinder Maybach-Motor, welcher sich wegen seiner gedrungenen Bauart bei leichtem Gewicht und hoher Drehzahl (1800 i. d. M.) besonders für leichte Schnellboote eignet, auf Wunsch auch mit angebautem Untersetzungsgetriebe geliefert. Die Propellerwelle arbeitet alsdann mit nur 900 Umdrehungen, so daß man den Motor in dieser Ausführung auch für größere Fahrzeuge verwenden kann.

Im umgekehrten Sinne kommen auch Übersetzungsgetriebe zur Erhöhung der Umlaufszahl zur Anwendung, wenn es sich um den Antrieb von besonderen Nebeneinrichtungen handelt, z. B. Antrieb von Pumpen auf Feuerlöschbooten.

Elektrische Kraftübertragung. Ergänzend muß hier noch der Vollständigkeit halber der elektrischen Kraftübertragungsmöglichkeit gedacht werden, welche unter Umständen ebenfalls den Aufstellungsort der Antriebsmaschine unabhängig von der Propelleranordnung macht und außerdem ebenfalls es ermöglicht, den Propeller mit anderer Drehzahl arbeiten zu lassen, als den Antriebsmotor.

Am bekanntesten ist die benzin-elektrische Übertragung, bei welcher die Kraft des Antriebsmotors in einem angekuppelten Generator in elektrische Energie umgewandelt wird, welche ihrerseits einen auf der Propellerwelle aufgebauten Elektromotor in Bewegung versetzt.

Diese Anordnung erlaubt eine Erweiterung der Betriebsmöglichkeiten dahingehend, daß sowohl — örtlich lineare Aufstellung und mechanische Kupplungsmöglichkeit vorausgesetzt — rein maschinell durch direkte Kupplung zwischen Antriebsmotor und Propellerwelle gefahren werden kann und derweilen der verfügbare Kraftüberschuß, in elektrische Energie umgewandelt, in einer Batterie aufgespeichert werden kann, als auch anderseits bei abgestellter Kraftmaschine mittels der Akkumulatoren-Energie rein elektrisch gefahren werden kann. Anderseits bietet sich die Möglichkeit, den Verbrennungsmotor elektrisch anzuwerfen, und schließlich kann eine erhöhte Kraftleistung dadurch gewonnen werden, daß man bei direkt gekuppeltem Antriebsmotor die in der Batterie aufgespeicherte Energie außerdem ausnutzt.

Diese vielseitigen Betriebsmöglichkeiten des Del-Proposto-Systems werden mit großer Baulänge, hohem Gewichtsaufwand, sehr erheblichem Kostenaufwand und schwieriger Wartung erkauft. Solche Anordnung ist deshalb nur dort berechtigt, wo praktische Betriebsbedingungen solche Vielseitigkeit erfordern, wie z. B. im Unterseebootdienst oder wo um der praktischen Annehmlichkeiten willen wirtschaftliche Gesichtspunkte in den Hintergrund treten.

VII. Umsteuerschrauben-Anlagen.

An Stelle des Wendegetriebes im Zusammenbau mit einem Propeller mit festen Flügeln kann der Fahrtrichtungswechsel auch durch eine Umsteuerschraubenanlage erreicht werden. Bei dieser Anordnung tritt also nicht ein Wechsel in der Umlaufrichtung der Schraubenwelle und damit des Propellers ein, sondern die Drehrichtung der Welle bleibt die gleiche bei Vorwärtsfahrt, Stoppstellung und Rückwärtsfahrt; dagegen tritt durch mechanische Übertragungsmittel, welche in der Propellerwelle nach der Schraubennabe hin arbeiten, eine Umstellung der einzelnen Schraubenflügel derart ein, daß diese ihre Steigung anders einstellen, so daß die geänderte Flügelstellung je nach der Lage zur Null-(Stopp-)Stellung entweder Vorwärts- oder Rückwärtsfahrt des Schiffes bewirkt. Hierdurch werden die bei unmittelbarer Umsteuerbarkeit bzw. bei Anwendung eines Wendegetriebes eintretenden Verzögerungen bzw. Beschleunigungen der bewegten Massen der Triebwerksteile vermieden, der Motor also in dieser Hinsicht merklich schonender beansprucht und die Beschleunigungsvorgänge der bewegten Wassermassen günstigere, weil allmähliche, die Wartung also eine bessere.

Segelschrauben. Die neuzeitliche Umsteuerschraubenanlage hat ihre geschichtliche Vorgängerin in jenen Vorrichtungen, welche zur Zeit der Einführung der Dampfmaschine in die Segelschiffahrt dazu dienten, den Schraubenpropeller derart einzustellen, daß die in die Totholzebene geklappten Schraubenflügel möglichst geringen Wasserwiderstand erzeugten, wenn die Schiffe mit abgestellter Maschine unter Segel fuhren. Diese Umstellbarkeit der Schraubenflügel gestattete es ferner, falls die Schiffe unter Segel die Hilfsmaschine mitlaufen lassen wollten, dem Propeller jeweils diejenige Flügelsteigung zu geben, welche der erreichbaren Fahrtgeschwindigkeit am besten entsprach. Am bekanntesten und vollkommensten hierfür durchgebildet war die Bevis-Schraube.

Umsteuerschraubenanlagen eignen sich aus den vorstehenden Gründen besonders für alle solche Fahrzeuge, welche zeitweise mit Motorkraft, zeitweise unter Segel fahren; sie finden sich also häufig auf Fischereifahrzeugen, Küstenfahrern, Segelschiffen mit Hilfsmotor und Segelyachten. Hierbei erfordert die Verwendung, daß die Schraubenflügel sich in die Längsschiffebene umlegen lassen; aus diesem Grunde werden bei solchen Anwendungen zweiflügelige Wendeschrauben bevorzugt und wegen ihrer besonderen Einstellbarkeit als „Segelschrauben" bezeichnet.

Wendeschrauben. Aber auch für andere Fahrzeuge, welche mit häufig wechselnder Kraftbelastung zu rechnen haben, bieten Umsteuerschraubenanlagen praktische Vorzüge: Durch die Verstellbarkeit der Schraubenflügel können diese in die der jeweiligen Belastung günstigste Steigung gelegt und somit die beste Geschwindigkeit erreicht werden; sie empfehlen sich daher auch für Fahrzeuge der Erwerbsschiffahrt, insbesondere für Schleppboote.

Ausführungsart. Umsteuerschraubenanlagen werden gegenwärtig zur Übertragung von Kraftleistungen bis zu 1000 PS. gebaut; am bekanntesten sind die Ausführungsarten der beiden Spezialfabriken Zeise-Altona und Burchard-Meißner-Hamburg. Doch werden auch vielfach andere Bauarten geliefert, so z. B. von der Gasmotorenfabrik Deutz die Weihe-Schraube und von der Kieler Maschinenbau-Aktiengesellschaft die Daevel-Schraube. Die Unterschiede der einzelnen Ausführungen bestehen hauptsächlich in den Bewegungs- und Übertragungsvorrichtungen. In den letzten Jahren ist die Helix-Umsteuerschraube bekannt geworden und neuerlich kommt eine Ausführung des Welswerkes-Heiligenhafen an den Markt.

Alle Ausführungsarten stimmen darin überein, daß mittels eines in der hohlgebohrten Propellerwelle gelagerten Gestänges der in der ausgehöhlten Schraubennabe untergebrachte Bewegungsmechanismus der drehbaren Flügel betätigt wird, wobei eine möglichst günstige Lage der Drehachse jeden Flügels zu der unter dem Druck des Schraubenwasserstroms stehende Flügelfläche wichtig ist. Ein sehr wesentlicher Teil der Bewegungsvorrichtung ist also der Aufsicht und Wartung entzogen, was als Nachteil bewertet werden muß. Um so wichtiger ist sauberste und sorgfältigste Ausführung der Propelleranlage selbst; zumal von dieser in besonderem Maße die Manövrierfähigkeit des Fahrzeuges abhängt. Besondere Beachtung ist bei Konstruktion und Werkstattausführung den Gefahren des Eindringens von Wasser in die Schraubennabe und des Einfrierens zu widmen.

Betätigung. Da die Schraubenflügel ohnedies auf eine Stoppstellung eingestellt werden, also im Wasser mahlen, ohne Vorwärts- oder Rückwärtsbewegung zu bewirken, könnte an und für sich auf die Einschaltung einer ausrückbaren Kupplung zwischen Motor und Umsteuerschraubenanlage verzichtet werden, sofern ersterer sich mit angehängter Wellenleitung in Betrieb setzen läßt; in allen Fällen jedoch, wo mit Rücksicht auf den Motor die Wellenleitung abgekuppelt werden muß oder Wert darauf gelegt wird, daß der Motor auch bei stilliegendem Fahrzeug längere Zeit etwa zu anderen Zwecken, wie z. B. zum Pumpenantrieb auf Feuerlöschbooten, arbeiten soll, ist eine Reibungskupplung vorzusehen.

Die Betätigung des Umsteuerns kann bei den hier in Betracht kommenden Maschinenanlagen bis zu etwa 100 PS. Kraftleistung mit Manneskraft geschehen; und zwar bei den kleineren Anlagen durch Hebelwerk, bei den stärkeren durch ein Handrad mit Spindelübertragung. Für größere Leistungen ist eine mechanische Umsteuervorrichtung vorzusehen, für deren Antrieb vom Hauptmotor aus sich Druckluft besonders eignet.

Wichtig ist es, toten Gang und schnellen Verschleiß bei allen Teilen der Bewegungsübertragung zu verhüten; diesen Gesichtspunkten muß sowohl durch die Konstruktion wie bei der Wahl der Baustoffe Rechnung getragen werden.

Der Einbau von Umsteuerschraubenanlagen muß mit besonderer Sorgfalt geschehen.

Wirkungsgrad. In früheren Jahren wurde den Umsteuerschrauben der Vorwurf gemacht, daß sie namentlich mit Rücksicht auf die verhältnismäßig große — weil hohle — Schraubennabe einen ungünstigen Wirkungsgrad ergebe. Die inzwischen gesammelten theoretischen und praktischen Erfahrungen hinsichtlich Formgebung und Wirkungsweise der Schraubenpropeller lassen diesen

Nachteil überwunden erscheinen. In dieser Hinsicht sagt Achenbach in seinem umfassenden Werk „Die Schiffsschraube" mit Recht folgendes:

> „Den umsteuerbaren Schrauben wird der Vorwurf gemacht, daß sie in der Form und den Steigungsverhältnissen ihrer Flügel nicht so vollendet sein können wie die gewöhnliche feste Schraube, da die Verstellbarkeit zur Wahl einfacher Formen mit kleinem Steigungsverhältnis führen muß. Die mannigfachen Arten von Flügeln je nach dem Zweck des Motorfahrzeuges legen Zeugnis ab, wie sehr diesen Umstand Rechnung getragen wird und wie große Anstrengungen gemacht werden, die für den einzelnen Fall passende Konstruktion zu finden."

Eine wesentliche Überlegenheit der Umsteuerschrauben beruht in der den Belastungsverhältnissen angepaßten Einstellungsmöglichkeit. Während Schrauben mit festen Flügeln nur für die der Konstruktion zugrunde gelegte Kraftleistung und Schiffsgeschwindigkeit passen, also nur bei diesen zur vollen Wirkung kommen, mithin beim Anfahren und Manövrieren ungünstig arbeiten, — zumal eine Verminderung der Umlaufzahl nur durch Gangregelung des Motors bewirkt werden kann, — ist die Umsteuerschraube imstande, dank ihrer Verstellbarkeit sich den Beschleunigungsverhältnissen bestens anzupassen.

Während der Gewichtsaufwand einerseits beim Wendegetriebe mit fester Wellenleitung, anderseits bei einer Umsteuerschraubenanlage annähernd der gleiche ist, bietet letztere bei beengten Raumverhältnissen, namentlich in dem scharfen Gatt von Segelfahrzeugen, günstigere Einbaumöglichkeiten.

Dadurch, daß die Betätigung der Umsteuerschrauben auch bei größeren Leistungen von Deck aus erfolgen kann, bietet sich gegebenenfalls die wirtschaftliche Möglichkeit einer Ersparnis an Maschinenpersonal; außerdem fällt auf diese Weise eine Zwischenstelle im Vollziehungswege der Befehlsausführung fort, was die Ausschaltung einer immerhin möglichen Fehlerquelle bedeutet, also die Schiffsführung einfacher und sicherer gestaltet!

VIII. Wellenleitungen mit fester Schiffsschraube.

Die Schraubenwellenleitung setzt sich im allgemeinen aus folgenden Hauptteilen zusammen: dem eigentlichen Wellenstrang, welcher gegebenenfalls in eine oder mehrere Zwischenwellenstücke und die Schwanzwelle unterteilt wird, Stevenrohr mit Stopfbuchse und Ablaufverschraubung (Nuß), Wellenbock und Propeller. Zugehörig ist ferner das Drucklager zur Aufnahme des Schraubenschubes, welches unter Umständen eine besondere Druckwelle erfordert. Je nach Anordnung können noch Stehlager, Schottstopfbuchsen und Wellenrohr in Betracht kommen.

Während die Konstruktion aller Teile der Wellenleitung eine möglichst verlustlose Umsetzung der Antriebskraft durch eine günstige Propellerform und anderseits eine wirksame Aufnahme des Schraubenschubes im Drucklager und seine Übertragung auf den Schiffsrumpf anstreben muß, ist es Sache der praktischen Bauausführung, die ganze Wellenleitung so einzulagern, daß sie ohne Reibungsverluste und sonstige innere Widerstände spielt, also in ausgekuppeltem Zustande leicht von Hand gedreht werden kann.

Ausschlaggebend hierfür ist eine genaue Ausfluchtung und Ausbohrung für das Stevenrohr und den Wellenbock, sofern ein solcher je nach der Hinterschiffsform zur Anwendung kommt. Es ist hierbei zu beachten, daß bei zu leicht gebauten Fahrzeugen fast stets eine meßbare Formänderung dann eintritt, sobald der Rumpf von der Baustelle zu Wasser gelassen wird. Da bekanntlich die schärferen Schiffsenden mehr Eigengewicht als Auftrieb haben, verziehen sie sich gegenüber dem Mittelschiff, welches einen Auftriebsüberschuß aufweist. Dies kann nur durch einen genügend starken Längsverband im Schiffsboden wie im Deck verhütet werden. Es empfiehlt sich deshalb stets, die als Längsverband ausgebildeten Hauptträger der Maschinenbettung weit in das Hinterschiff — mindestens bis zum Wellenaustritt — durchzuführen.

Drucklager. Ist ein Drucklager am Hinterende des Motorgehäuses oder — je nach der Ausführungsart des Wendegetriebes — in letzterem nicht angeordnet, so muß ein solches mit einer besonderen Druckwelle zwischen Motor bzw. Wendegetriebe oder Kupplung und dem Vorderende des eigentlichen Wellenstranges angeordnet werden, um den vom Propeller erzeugten Schub aufzunehmen, die Triebwerksteile hiervon zu entlasten und diese Kräfte auf den Schiffsrumpf wirksam zu übertragen. Während man hierzu früher Bügel- und Ringlager ähnlich wie im Großschiffsmaschinenbau vorsah, verwendet man heutzutage vorteilhaft die in Präzisionsausführung erhältlichen Kugeldrucklager. In einzelnen Sonderfällen hat man sogar schon das Drucklager außenbords im Wellenbock untergebracht, was der Vollständigkeit halber erwähnt sei.

Wellenleitung. Der eigentliche Wellenstrang wird bei kleineren Booten und Fahrzeugen aus einem Schaft, der Schraubenwelle gebildet, welcher an seinem Vorderende mit der Antriebswelle gekuppelt wird und am Hinterende die Schiffschraube trägt. In bester Ausführung wird hierfür Bronze, weil salzwasserbeständig, bevorzugt, sofern nicht die Kostenfrage gebietet, sich mit einem Bronzeüberzug des außenbords liegenden Schwanzendes zu begnügen. Bei größeren Fahrzeugen empfiehlt es sich, die Wellenleitung in die eigentliche Schwanzwelle und eine oder mehrere Zwischenwellen zu unterteilen, und zwar sowohl aus baulichen Rücksichten wie aus Ausführungsgründen. Die innenbords liegenden Zwischenwellen ermöglichen es dann, bei Ausbesserungsnotwendigkeiten ohne weiteres die Schwanzzwelle nach innen zu ziehen, ohne die Antriebsmaschine selbst herausnehmen zu müssen. Bei solcher Unterteilung wird dann die durch das Stevenrohr nach außenbords führende Schwanzwelle nötigenfalls aus seewasserbeständigem Material bzw. aus Stahl mit Bronzeüberzug angefertigt, während die innenbords liegenden Zwischenwellen die übliche stählerne Ausführung erhalten.

L a g e r s t e l l e n. Da die mit der Antriebswelle gekuppelte Schraubenwelle eine Lagerung gewöhnlich am Stevenrohraustritt und eine weitere gegebenenfalls im Wellenbock findet, genügt diese Unterstützung bei normalen Längen. Kommen größere Wellenlängen innenbords in Frage, so sind in etwa je 3 m Abstand Stehlager für die freitragende Welle vorzusehen, um ein Durchbiegen bzw. Schlagen derselben zu verhüten. Ein in Zwischenwellen unterteilter Wellenstrang erfordert selbstverständlich Traglager an jeder Kupplungsstelle.

S t e v e n r o h r. Das Stevenrohr dient zur wasserdichten Führung der Schraubenwelle aus dem Schiffsinneren nach außenbords. Es wird bei hölzernen Booten in der Wellenbohrung des Kiels verlagert. Geschieht das Ausbohren derselben — wie auf kleineren Bootswerften noch vielfach üblich — von Hand, so ist ganz besondere Sorgfalt nötig, um ein genaues Fluchten der Bohrungsachse einerseits gegenüber der durch die Fundamenthöhe gegebenen Lage der Kurbelwellenachse des Motors, anderseits gegenüber dem Wellenbockmittel zu erreichen. Die Bohrung im Holz darf nicht zu völlig sein, da sonst Wasser neben dem Stevenrohr eintreten kann; es liegt deshalb nahe, die Wellenbohrung nach erfolgter Einlagerung des Stevenrohrs mit Marineleim auszugießen, um volle Wasserdichtigkeit zu gewährleisten. Doch ist es dann später nicht ohne weiteres möglich, solches Stevenrohr zu einer etwa nötigen Überholung wieder herauszuziehen. Bei stählernen Fahrzeugen reicht das Stevenrohr von der sogenannten Wellennuß bis zu einem genügend weit innenbords liegenden, den Maschinenraum wasserdicht abschließenden Bodenstück bzw. bis zum Stopfbuchsenschott. Da selbst bei größeren Motorbooten die Länge des Stevenrohrs selten mehr als etwa 1,5 m betragen wird, genügt es, die Welle einmal in ihm zu lagern, und zwar wird diese Lagerstelle gewöhnlich am äußeren Ende, je nach der Bauart, entweder in der Wellennuß oder in einer besonderen Ablaufverschraubung untergebracht.

Nur bei größeren Stevenrohrlängen müssen mehrere Lagerstellen angeordnet werden. Am innenbords liegenden Ende erhält das Stevenrohr eine wasserdicht abschließende, nachziehbare Stopfbuchse.

Das Stevenrohr selbst wird bei Verwendung stählerner Wellen vielfach aus Gasrohr, bei besseren Ausführungen aus nahtlos gezogenem, verzinktem Stahlrohr oder Messingrohr gefertigt; bei bronzenen Wellen besteht auch das Stevenrohr aus gleichwertigem Material. Stopfbuchsen, Ablaufverschreibungen und sonstige Armaturen werden fast stets aus Metall hergestellt.

Die äußerste Lagerstelle der Schraubenwelle, ob sie nun in der Wellennuß oder in einem Wellenbock ruht, muß möglichst nahe an die Schraube selbst herangerückt werden, um Schwingungen und Biegungsbeanspruchungen des Wellenstumpfes möglichst auszuschalten.

W e l l e n b o c k. Ergibt die Hinterschiffsform die Notwendigkeit der Anordnung eines Wellenbockes, so ist auf die freitragende Länge des außenbords liegenden Wellenendes Rücksicht zu nehmen; sie darf nicht unzulässig groß sein. Gegebenenfalls muß mit Rücksicht hierauf ein größerer Wellendurchmesser gewählt werden.

Anfertigen und Anbringen eines Wellenbockes erfordert sorgfältigste Arbeitsausführung. Bei manchen Bootswerften erfolgt die Anfertigung selbst größerer Böcke vielfach noch durch Handschmiedearbeit und zeigt in der Ausführung oft wahre Meisterstücke, zumal wenn es sich um zweiarmige Böcke handelt, oder noch eine vom Bock getragene Ruderhacke angeschmiedet ist. Ausführungen in Bronzeguß sind heute aus Gründen der Kostenersparnis seltener geworden.

Um möglichst geringe Wirbelwiderstände im Wasser zu erzeugen, ist der Querschnitt des oder der Wellenbockarme ein ovaler, besser tropfenförmiger, welcher nach dem breiten Befestigungsflansch hin sich in eine kräftige Wurzel auswächst. Den Wellenbock mit einer angeblich gleichzeitig zum Schutz des Propellers gegen Grundberührungen dienensollenden Ruderhacke, welche den Spurzapfen des Ruders aufnimmt, zu versehen, ist mindestens eine zweischneidige Maßregel. Denn bei eintretender heftiger Grundberührung wird nicht nur durch die sich verbiegende Hacke meistens das Ruder unbrauchbar und die Schraubenflügel verbogen, sondern es besteht in schwereren Fällen auch die Gefahr, daß die Schwanzwelle in Mitleidenschaft gezogen wird und vollständige Manövrierunfähigkeit eintritt, wo andernfalls vielleicht nur mit einer Propellerhavarie, die aber immer noch eine Betriebsfähigkeit zugelassen hätte, zu rechnen gewesen wäre. Die Befestigung des Wellenbocks am Schiffrumpf muß eine sehr feste und sorgfältige sein; es empfiehlt sich, hier nicht Nieten, sondern Schraubenbolzen zu verwenden, um durch Zwischenlagen nach Bedarf kleine Ungenauigkeiten ausgleichen zu können. Die Lagerung der Schraubenwelle im Wellenbock erfolgt am besten in einer Pockholzbüchse, welche durch das einquellende Wasser selbsttätig geschmiert wird. Metallene Lagerstellen im Wellenbock unter Zuführung einer Drucköl schmierung haben sich nur dann bewährt, wenn zwischen Stevenrohraustritt und Wellenbock ein besonderes Wellenrohr angebracht wird, welches einen vollständig wasserdichten Abschluß der Schraubenwelle bis unmittelbar vor dem Propeller herbeiführt. Diese Ausführung bietet den weiteren Vorteil, daß die freitragende Welle durch das umhüllende Wellenrohr abgestützt und gleichzeitig verhütet wird, daß sich im Wasser treibende Leinen, Netze oder Schlinggewächse an derselben verfangen und festsetzen.

Kreuzgelenke. Besonderer Besprechung bedarf noch die Anordnung von Kreuzgelenkkupplungen in der Wellenleitung, welche aus zweierlei Gründen gegebenenfalls erfolgt. Einmal kann ein Kreuzgelenk bzw. eine mit zwei Kreuzgelenken versehene Kardanzwischenwelle dazu dienen, um geringfügige Ungleichheiten in der Achsenlage, wie sich solche durch das Verziehen des Bootskörpers bzw. durch die Erschütterungen, z. B. bei Rennbooten, ergeben können, auszugleichen. Für derartige Fälle genügt oft schon ein Kreuzgelenk. Oder es kann notwendig sein, wenn sich eine starke Neigung der Schraubenwellenachse aus konstruktiven Gründen nicht vermeiden läßt, durch eine Kardanzwischenwelle den Winkelunterschied zwischen der Propellerwelle und dem mit geringerer Achsenneigung aufgestelltem Motor auszugleichen. Eine solche Anordnung ist jedoch nur in der Ausführung zulässig, daß die Achsen der drei Wellen: Antriebswelle, Kardanwelle und Propellerwelle Tangenten an einem theoretischen Krümmungskreis bilden, so daß der Gesamtwinkelunterschied zwischen der Antriebs- und der Propellerwelle an den beiden Kardanpunkten halbiert wird. Andernfalls treten unzulässige Beanspruchungen in den Kreuzgelenken auf. Der durch solche Kreuzgelenkzwischenwelle überbrückbare Unterschied in der Achsenneigung ist immerhin ein begrenzter; mit zunehmender Größe der zu übertragenden Kraftleistung nimmt er ab. Unzulässig ist jedenfalls die Anordnung einer Kardanzwischenwelle derart, daß eine stufenartig geknickte Kraftlinie entstände. Werden in den Wellenstrang Kreuzgelenke eingeschaltet, so muß das Drucklager hinter ihnen liegen, so daß sie vom Schraubenschub entlastet sind.

Die Herstellung solcher Kreuzgelenke in einwandfreier Beschaffenheit erfordert sehr sorgfältige und genaue Arbeitsausführung. Der auftretenden hohen Beanspruchungen wegen dürfen nur beste Baustoffe zur Verwendung kommen. Die Bauart dieser Stücke muß eine solche sein, daß sie vollkommen ausbalanziert sind, so daß freie Kräfte nicht auftreten können.

Feste Schiffsschraube. Die hier in Betracht kommenmenden Schraubenpropeller mit festen Flügeln unterscheidet man je nach der Flügelzahl; überwiegend ist die dreiflügelige Schiffsschraube üblich, und zwar ausgeführt aus Gußeisen, Stahlguß oder Bronze. Gute Ware wird von mehreren auf diesem Sondergebiet namhaften Spezialfirmen sowohl in marktgängigen Größen und Formen geliefert, als auch für Einzelfälle auf Grund besonderer konstruktiver Berechnungen in Sonderausführung hergestellt.

Die Frage der Formgebung der Schiffsschraube und insbesondere der schnellaufenden, wie sie namentlich für Motorboote in Frage kommt, ist durch die Experimentaluntersuchungen im Versuchstank sowie durch die neueren systematischen Propellerversuche erheblich gefördert und geklärt worden, so daß merkliche praktische Fortschritte im letzten Jahrzehnt gemacht werden konnten. Diese wissenschaftlichen Forschungen haben unsere Kenntnisse über die Vorgänge bei der Propellerarbeit erweitert und vertieft; sie haben der auf wissenschaftlicher Erkenntnis fußenden Praxis wertvolles Rüstzeug für die konstruktive Berechnung geliefert, ließen jedoch zugleich noch deutlicher erkennen, wie vielseitig die hierbei mitwirkenden Umstände sind, so daß es bisher nicht möglich ist, auf rein theoretischem Wege die praktisch erfolgreichste Lösung in jedem Einzelfall zu finden. Hierzu bedarf es der planmäßigen Sammlung, Sichtung und Vergleichung umfangreichen Erfahrungsmaterials sowohl aus Modellversuchen wie von Fahrtergebnissen, so daß es sich hier um ein Sondergebiet handelt, welches nur wenige Firmen in vollem Umfange beherrschen. Hierbei ist es jedoch nicht nur die Formgebung allein, sondern auch der verwendete Baustoff und die Arbeitsausführung, welche solchen Erzeugnissen einer Spezialfirma, wie z. B. der Firma Theodor Zeise, Altona, einen Weltruf gesichert hat.

Gegenpropeller. Unter den vielen, noch ständig an die Öffentlichkeit tretenden Neuerscheinungen, ist besonders auf den schon vor dem Kriege bekannt gewordenen und erprobten „Gegenpropeller" System Wagner-Bauer hinzuweisen, welcher es sich zur Aufgabe gemacht hat, eine bessere Ausnutzung der vom Propeller geleisteten Arbeit dadurch zu erreichen, daß hinter dem umlaufenden Propeller am Wellenbock oder Rudersteven eine Anzahl fester Leitflügelflächen sternförmig angeordnet werden, durch welche das durch die Schraubenflügel in radikaler Richtung beschleunigte Wasser wieder in die achsiale Richtung übergeleitet werden soll. Aus diesem Arbeitsgewinn ergibt sich eine bessere Ausnutzung der Maschinenleistung; auch nimmt diese Konstruktion für sich den praktischen Vorteil verminderten Wirbelwiderstandes und verringerter Erschütterungen in Anspruch.

Doppelschraubenantrieb. Dieser kann aus verschiedenen praktischen Gründen in Betracht kommen; vielfach geschieht es aus Sicherheitsgründen, um mindestens noch mit einer Maschine weiterfahren zu können, wenn die andere ausfallen sollte. Oder es können Gründe der Raumanordnung ausschlaggebend sein. Auch Rücksicht auf innezuhaltende Tiefgangsverhältnisse bei flachem Fahrwasser kann zu der Unterteilung der erforderlichen Kraftleistung auf zwei Antriebsmaschinen führen, um auf diese Weise kleine Schraubendurchmesser zu erhalten. Umgekehrt können auch Fahrzeuge, die stark unterschiedliche Tauchungstiefen bei verschiedenem Ladezustand aufweisen, Doppelschraubenantrieb erfordern, um unter allen Umständen mit vollständig eingetauchten Propellern zu fahren. Wirtschaftlich wird der Doppelschraubenantrieb immer ungünstiger gegenüber dem Einmaschinenfahrzeug ausfallen wegen der höheren Anlagekosten, umfangreicheren Instandhaltung und Bedienung und dem geringeren Gesamtwirkungsrad.

Im allgemeinen arbeiten bei Doppelschraubenantrieb beide Propeller in einer Ebene. Das Ruder wird dann zweckmäßig in der Mittschiffsebene angeordnet.

Doppelschraubenboote bieten die Möglichkeit, im Notfalle das Fahrzeug nur durch Propellerwirkung steuern zu können; in jedem Falle aber ist die Dreh- und Manövrierfähigkeit solcher Fahrzeuge eine außerordentlich gesteigerte gegenüber einem Einschraubenboot. Hierfür ist es jedoch nicht gleichgültig, ob die beiden Propeller bei Vorwärtsfahrt im oberen Scheitelpunkt nach außen oder nach innen schlagen. Praktische Erprobungen haben ergeben, daß die Propeller im Vorwärtsgang über oben nach außen schlagen müssen, um günstigste Manövrierfähigkeit zu gewinnen; es muß also der Backbordmotor, von achtern in der Fahrtrichtung gesehen, linksgängig, also entgegen dem Uhrzeigersinn, der Steuerbordmotor dagegen rechtsgängig arbeiten.

Bei Doppelschraubenanlagen ist es aus praktischen Betriebsgründen der Wartung und Bedienung erwünscht, daß die beiden Antriebsmotoren im Spiegelbild gebaut sind, so daß beide Maschinen die Auspuffseite der Bordwand zukehren, während die Vergaser- bzw. Ventilseite vom Mittelgang des Maschinenraums aus zugänglich ist. Solche Maschinen sind jedoch nicht immer erhältlich. Bei den gewöhnlich linksläufigen Bootsmotoren hilft man sich dann bei Zwillingsanlagen dadurch, daß zwar beide in symmetrischer

Ausführung geliefert werden, die eine Maschine jedoch mit geänderter Nockenwelle für Rechtslauf ausgestattet wird.

Tandem-Anordnung. Es gibt jedoch Motor-Rennboote, bei denen beide Maschinen in der Mittschiffsebene hintereinander aufgestellt sind, und zwar der hintere Motor normal mit linear angeschlossener Wellenleitung, während der vordere Motor, wenn die Bootslänge dies erlaubt, seine Wellenleitung ebenfalls linear nach hinten anschließt und unter der hinteren Maschine durchführt; oder aber bei kürzeren Booten wird die Triebwelle der vorderen Maschine nach vorn verlängert und überträgt ihre Kraftleistung durch einen Winkeltrieb auf die unter der Maschine nach achtern durchlaufende geneigte Propellerwelle.

Dreischraubenantrieb. Dreischraubenanordnung kommt nur für Sonderfahrzeuge der Kriegsmarine in Betracht; gewöhnlich sind dann die beiden Seitenmaschinen vorlicher aufgestellt als die Mittelmaschine, und die Propellerebenen liegen sinngemäß gestaffelt zueinander. Für Marschfahrt wird im allgemeinen mit der Mittelmaschine gefahren, die beiden äußeren Maschinen dagegen nur für „Große Fahrt" angeworfen.

Tunnelheck. Für Fahrzeuge, welche vorwiegend auf flachen Gewässern verkehren sollen, kommt Tunnelheckanordnung in Betracht, welche eine besondere Formgebung der Schraubenflügel erheischt, um einen günstigen Propellerwirkungsgrad zu erzielen. Die Schraube saugt dann im Anlaufen die nötige Wassermenge selbsttätig an, welche erforderlich ist, um den Hohlraum des Tunnelhecks zu füllen.

Luftschraubenantrieb. Neuerdings ist für derartige Verwendungszwecke, namentlich wenn es sich um leichte, schnelle Verkehrszwecke auf noch nicht regulierten Flußläufen handelte, der Luftschraubenantrieb mit einigem Erfolg zur Anwendung gekommen. Die Form der Fahrzeuge selbst ist meistens prahmartig gehalten. Die Übertragung der Antriebskraft erfolgt von dem im Boot aufgestellten Motor zu der hochangeordneten Luftschraube durch Ketten- oder Winkelzahnradübertragung ähnlich wie bei Flugbooten.

Es darf daran erinnert werden, daß Graf Zeppelin, der Vorkämpfer der deutschen Lenkluftschiffahrt, schon auf der Internationalen Motorbootsausstellung zu Berlin-Wannsee (14.—18. 9. 1902) ein Luftschraubenboot vorführte, welches von einem Daimler-Motor getrieben wurde. Sicherlich wird sich noch manche ratsame Anwendung für diese Antriebsart zeigen in Fällen, wo Schiffsschrauben aus besonderen Gründen sich nicht eignen.

IX. Allgemeine Einbauanordnung.

Durch die praktische Erfahrung haben sich gewisse Gesichtspunkte für die grundsätzliche Einbauanordnung an Bord als empfehlenswert herausgestellt, denen daher eine allgemeine Gültigkeit zugesprochen werden muß, da sie nicht nur zur Vereinheitlichung, sondern auch zur Erhöhung der gesamten Betriebssicherheit beizutragen geeignet sind. Sie erstrecken sich auf Anordnungen und Vorrichtungen, welche bei jeder zum Bordbetrieb bestimmten Motorenlage wiederkehren.

Bedienungsstand. Derselbe soll, sofern die Betätigung der Umsteuerung von hier aus erfolgt, derart angeordnet sein, daß der Bedienungsmann in Fahrtrichtung voraussieht; die von ihm bei der Betätigung auszuübenden Bewegungen stimmen dann also sinngemäß mit den Bewegungsrichtungen des Fahrzeuges überein. Rechtsdrehung oder Hebelbewegung nach vorn soll Vorwärtsgang bzw. größere Fahrt bewirken und umgekehrt.

Zweckmäßig ist es daher, den Bedienungsstand an Backbordseite achtern von der Maschine anzuordnen, so daß der Maschinist möglichst mit der rechten Hand die Umsteuerhebelei bzw. Handräder und Anlaßvorrichtungen, Kupplungen dagegen mit der linken Hand die Gangregelung (bzw. Brennstoff- und Kompressorregelung) betätigen kann.

Vom Maschinistenstande aus sollen auch möglichst alle anderen zum Betriebe des Motors notwendigen Handgriffe und Beobachtungen (Entwässerungen, Tachometer, Manometer, Thermometer, Brennstoffpumpen, Kühlwasser-, Lenz- und Schmierölpumpen) gemacht werden können.

Die Lage der Hebel und Handräder ist durch angebrachte Schilder kenntlich zu machen, desgleichen muß der Zustand der Kupplung: ob ein- oder ausgekuppelt, durch ein Schild erkenntlich sein, ebenso die jeweilige Lage des Wendegetriebes bzw. der Umsteuerschraube.

Sämtliche für den Betrieb erforderlichen Manometer sind nach ihrem Zweck zu bezeichnen und, wo erforderlich, mit einem Kontrollstrich zu versehen.

Zur Feststellung der jeweiligen Umlaufszahl dienen sogenannte Tachometer, welcher meistens mittels einer biegsamen Spiralfederwelle von dem Motor angetrieben werden; gegebenenfalls wird der Antrieb von der Nockenwelle abgenommen.

Zu unterscheiden hiervon sind die Umdrehungszähler, welche die von einem bestimmten Zeitpunkt an gelaufenen Umdrehungen anzeigen und so die Unterlage zu wichtigen wirtschaftlichen und nautischen Feststellungen hergeben.

Verblockungen. Anlaß- und Umsteuervorrichtungen sind möglichst so zu verblocken, daß Beschädigungen der Maschine infolge falscher Betätigung ausgeschlossen sind.

Schutzvorrichtungen. Freiliegende in Bewegung befindliche Teile, welche das Bedienungspersonal gefährden können, sind mit Schutzblechen zu verkleiden (Schwungräder, Nockenwellen u. a.).

Alle lösbaren Verbindungen, deren selbsttätige Lockerung zu befürchten ist, sind in geeigneter Weise zu sichern.

Kurbelgehäuse-Entlüftung. Für eine reichliche Entlüftung des Kurbelgehäuses ist Sorge zu tragen; die Entlüftung wird entweder in den Auspuff oder durch den Schornstein ins Freie abgeleitet.

Im Maschinenraum dürfen sich bei geschlossener Belüftung keine Dämpfe und Dünste bilden können.

Rohrleitungen. Sämtliche Rohrleitungen müssen so verlegt sein, daß sie übersichtlich und gut zugänglich sind, auch leicht entfernt werden können; anderseits dürfen dieselben aber den Anbau anderer Teile nicht behindern.

Das Verlegen hat derart zu geschehen, daß die Rohrleitungen nicht der Gefahr ausgesetzt sind, durch Drauftreten beschädigt oder eingebeult zu werden.

In längeren Rohrsträngen sind federnde Schleifen vorzusehen, um Rohrbrüche durch Erschütterungen vom Schiffskörper zu verhüten und Wärmeausdehnungen auszugleichen.

Alle Rohrleitungen müssen sich an den tiefsten Stellen entwässern lassen; die hierzu dienenden Hähne müssen derart eingerichtet und angebracht sein, daß sie sich nicht ungewollt selbsttätig öffnen können.

Kühlwasserleitungen. Der Kühlwassereintritt ist an solcher Stelle in der Außenhaut anzuordnen, daß das Wasser im allgemeinen durch den Fahrstrom der Eintrittsöffnung zufließt; gegebenenfalls wird außenbords eine Fangschale angebracht.

Der Eintrittsstutzen muß durch ein Lochsieb gegen Eindringen von Unreinigkeiten geschützt sein; an denselben ist innenbords eine wirksame Absperrvorrichtung anzubringen.

Die Kühlwasserzuleitung ist so zu führen, daß Schlammablagerungen in den Kühlräumen selbst verhütet werden. Gegebenenfalls ist dicht hinter dem Eintrittsstutzen ein Schlammkasten einzuschalten. Auch der Kühlwasseraustrittsstutzen muß an der Bordwand eine Absperrvorrichtung erhalten.

Kühlwasser- und Lenzpumpe. Zur Kühlwasserförderung und für Lenzzwecke sollen möglichst Kolbenpumpen, und zwar solche aus nicht rostendem, seewasserbeständigem Metall, dienen.

Die Ventile derselben müssen auch während des Betriebes leicht aufgenommen werden können; ihre Stopfbüchsen müssen sich während des Betriebes nachziehen lassen.

Die Fördermenge der Kühlwasserpumpe sollte so bemessen sein, daß der Wärmeunterschied zwischen Eintritt und Austritt bei Dauerlast nicht mehr als 30^0 C. beträgt. Die Kühlwassertemperaturen sollten möglichst für die einzelnen Arbeitszylinder gesondert einstellbar sein; es ist deshalb wünschenswert, in die Kühlwasserableitungen Thermometer einzuschalten.

Praktisch ratsam ist es, Lenz- und Kühlwasserpumpe beide so zu bemessen und einzurichten, daß bei Ausfall der letzteren auch die Lenzpumpe zur Kühlwasserförderung benutzt werden kann.

Schwungradmarken. Um die jeweilige Lage der Kurbelwelle und der Arbeitskolben ohne weiteres feststellen zu können, empfiehlt es sich, das Schwungrad mit einer Gradeinteilung am Umfang zu versehen, auf welcher die Totpunktlagen der einzelnen Kurbeln gekennzeichnet sind.

Baustoffwahl. Zur Erzielung geringen Maschinengewichts sind möglichst hochwertige Baustoffe zu verwenden (Stahlguß, Schmiedestahl, Bronze).

Für Kurbelwellen, namentlich solche stärkerer Abmessungen, darf nickel- und chromhaltiges Material nicht verwendet werden wegen der Gefahr ungleichmäßiger Verteilung dieser Zusätze und den sich hieraus ergebenden gefährlichen Folgeerscheinungen verschiedenartiger Festigkeitsverhältnisse. Aluminium darf für beanspruchte Teile nicht verwendet werden.

Alle mit Seewasser in Berührung kommenden Teile, mit Ausnahme der Arbeitszylinder (bzw. Laufbüchsen) und des Auspuffsammelrohres, sollten aus seewasserbeständigem Baustoff hergestellt sein. Wände von seewasserhaltigen Räumen, die aus Gußeisen oder Stahlguß bestehen, sind in geeigneter Weise durch Anstrich oder Anschwenken mit Rostschutzmitteln zu schützen.

Eiserne Befestigungsschrauben und Stifte dürfen mit Seewasser nicht in Berührung kommen; folglich dürfen deren Schraubenlöcher keinesfalls bis zum Seewasserraum durchgebohrt werden.

Wo galvanische Zerstörungen durch die Einwirkung von Seewasser zu befürchten sind, müssen Zinkschutzplatten angebracht werden, welche gut zugänglich und auswechselbar sind. Dies kommt auch besonders bei Verwendung bronzener Armaturen und Propeller bei stählernem Bootsrumpf bzw. im Zusammenbau von Bronzearmaturen mit Stahlwellen in Betracht.

Anhebevorrichtungen. Bei den hier in Betracht kommenden Maschinengrößen sollte zweckmäßig der Motor als einbaufertiges Ganzes zur Ablieferung kommen und an geeigneten Stellen mit Augbolzen zum Anschlagen des Hebegeschirrs versehen sein, so daß er durch den Kran in das Fahrzeug eingesetzt bzw. in Ausbesserungsfällen herausgenommen werden kann.

Decks bzw. Aufbauten über dem Maschinenraum sind mit entsprechend großen, lösbar, aber wasserdicht verschlossenen Durchlässen zu versehen.

Kupplungen bzw. Drucklager sollten ausgebaut werden können, ohne daß die Maschine selbst auf ihren Bettungen verschoben zu werden braucht.

Handleisten und Schutzgeländer. Im Maschinenraum sind seitlich an geeigneten Stellen bzw. an der Maschine selbst Handleisten zum Festhalten und Schutzgeländer anzubringen.

Abtropfwannen und Tropfschalen. Auf hölzernen Fahrzeugen ist unter dem Motor eine Blechmulde mit hochgebördelten Rändern anzubringen, in welcher sich abtropfender Treibstoff bzw. Schmieröl sammelt und entfernt werden kann, ohne in die Bilge zu gelangen.

Unter Vergasern u. a. sind besondere Tropfschalen anzubringen.

Schutzkästen. Findet der Motor unter einem Schutzkasten Aufstellung, so muß dieser als Ganzes losnehmbar sein. Er muß mit aufklappbaren bzw. losnehmbaren Deckeln und Seitenteilen derart eingerichtet sein, daß die Maschine selbst gut zugänglich bleibt.

Für ausreichende Luftzufuhr bei geschlossenem Schutzkasten ist durch entsprechende Windfänger oder Luftschieber zu sorgen.

Be- und Entlüfung. Bei geschlossenen Maschinenräumen ist für reichliche Luftzufuhr und genügende Entlüftung zu sorgen. Die Luftzufuhr geschieht vermittels drehbarer Windfangköpfe. Die Entlüftung erfolgt zum Teil durch Luken, Fenster und Oberlichter, gegebenenfalls durch den Schornstein.

Es ist dafür zu sorgen, daß Luken und Oberlichter seefest verschließbar, Oberlichter mit Schutzgrätings versehen und zum Verschalken mit Presenningen eingerichtet sind. Die Hälse von Windfängen sind genügend hoch über Deck zu führen und müssen durch Kappen verschließbar sein.

Eine wirksame gleichzeitige Be- und Entlüftung wird durch den sogenannten „Grove-Ventilator" erreicht.

Beleuchtung. Geschlossene Maschinenräume sind mit explosionssicheren Beleuchtungseinrichtungen zu versehen. Die früher üblichen, nur von außen zugänglichen Lampenspinde für Petroleumlaternen oder Azetylenbrenner sind im allgemeinen der elektrischen Beleuchtung gewichen.

Die Stromerzeugung geschieht neuzeitlich durch eine vom Hauptmotor selbst angetriebene Lichtmaschine, welche auf eine Batterie arbeitet, aus welcher das Netz gespeist wird, so daß auch bei abgestellter Maschine für eine gewisse Zeitdauer Strom zur Verfügung steht.

Auf größeren Maschinenanlagen kommt gegebenenfalls ein besonderer kleiner Hilfsmotor zur Aufstellung, welcher dann vielfach außer der Lichtmaschine nach Bedarf eine Lenzpumpe antreiben kann.

Die Beleuchtungskörper im Maschinenraum müssen durch Sicherheitsdrahtkörbe gegen Beschädigungen geschützt sein; dies gilt auch besonders für die zum Ableuchten der Motoranlage dienenden Kabelanschlußhandlampen.

Befehlsübermittlung. Bei geschlossenem Maschinenraum ist für die Befehlsübermittlung vom Steuerstande aus ein schiffsmäßiger Kommandoapparat mit Anzeigerscheibe und Glockensignal so anzuordnen, daß der Geber sich im Handbereich des Schiffsführers, der Empfänger sich gut im Gesichtsbereich des Bedienungsstandes befindet.

Vorrichtungen mit Rückbestätigung von der Empfangsstelle kommen bei den hier zur Betrachtung stehenden kleineren Anlagen im allgemeinen nicht in Betracht.

Zur ergänzenden Verständigung zwischen Steuerstand und Bedienungsstand dienen einfache Sprachrohre, nötigenfalls mit Pfeifenanruf.

Feuerschutz-Vorkehrungen. Die Seeberufsgenossenschaft schreibt vor, daß in Motor- und Tankräumen der Fußboden aus geriffeltem Eisenblech möglichst undurchlässig mit an der Bordwand aufgekrempten Rändern hergestellt wird. Die Bordwände, Schotten und Decken sollen, wenn es sich um Betriebsstoffe handelt, deren Entflammungspunkt unter 30^0 C. liegt, vollständig feuersicher bekleidet werden, wozu sich Asbestpappe mit dünner Blechverkleidung empfiehlt.

Die dauernde Verwendung einer offenen Anheizlampe zum Betriebe des Motors (also bei Glühkopfmotoren) wird nur dann gestattet, wenn der Motor in einem offenen Bootsraum aufgestellt ist. In geschlossenen Maschinenräumen darf die offene Heizlampe vorübergehend zur Inbetriebsetzung von Motoren verwendet werden, wenn der Entflammungspunkt des Betriebsstoffes über 30° C. liegt und wenn die Heizlampe während ihrer Benutzung unter Aufsicht bleibt und mit dem Motor fest verbunden ist.

Die S.B.G. verlangt ferner, daß auf jedem ihrer Aufsicht unterstehenden Motorboot zwei Feuerlöscher bewährten Systems sowie eine Schlagpütze zur sofortigen Benützung bereitstehen. Bei der Auswahl von Feuerlöschern sind solche zu bevorzugen, welche durch chemische Wirkung an der Brandstelle eine sauerstoffarme, luftabsperrende Schicht erzeugen (Schaumlöschverfahren). Der früher geübte Brauch, den Feuerherd mit Sand zu bewerfen, ist für Motoranlagen der allerungeeignetste, da selbst bei eintretender Erstickungswirkung die Maschinenanlage durch den eindringenden Sand bis zur Betriebsunsicherheit beschädigt werden kann.

Die Handfeuerlöscher finden zweckmäßig ihren Platz unmittelbar bei den Einsteigluken zum Maschinenraum.

Der Germanische Lloyd verbietet die Aufstellung von Dynamomaschinen, welche nicht druckwasserdicht gekapselt sind, im Motor- bzw. Tankraum, wenn der Entflammungspunkt des Betriebsstoffes unter 30° C. liegt.

Zusammenfassung.

Der Bootsmotor hat sich zu einem bedeutsamen Wirtschaftsfaktor für die Kleinschiffahrt entwickelt. Sache der Motorenkonstruktion muß es sein, sich unter den heutigen Betriebsverhältnissen in erhöhtem Maße der Ausdehnung des Schwerölbetriebes zuzuwenden, auch auf denjenigen Teilgebieten, wo bisher der Verpuffungsmotor für leichtflüchtige Brennstoffe vorherrschend war. Hierfür scheint nur der schnellaufende, daher leichte Dieselmotor in Betracht kommen zu können. Derartige marktgängige Typen sind noch kaum erhältlich. Jedoch wird von verschiedenen namhaften Werken an dieser wichtigen Aufgabe gearbeitet, da nicht nur das Kraftwagenwesen sondern auch die Flugzeuge auf den schnellaufenden leichten Dieselmotor warten. Die Maschinenfabrik Augsburg-Nürnberg bietet als erste ihren vierzylindrigen, kompressorlosen Dieselmotor leichter Bauart an, welcher 40—50 Pse bei 900 bis 1100 minutl. Umdrehungen leistet und in seinem Raumanspruch kaum größer erscheint, wie ein gleichstarker Vergasermotor. Der Treibstoffverbrauch an Gasöl wird zu 200 gr/Pse/Stde angegeben.

Für die Erwerbsschiffahrt, welche in erster Linie auf Wirtschaftlichkeit im Betriebe und geringe Ansprüche der verwendeten Motoren hinsichtlich Bedienung und Instandhaltung achten muß, hat sich der

Rohölmotor, als durchaus geeignet und zuverlässig erwiesen. Dieses Feld gehört dem kompressorlosen Halbdieselmotor, welcher dem Glühkopfmotor überlegen ist.

In den Kleinschiffahrt des In- und Auslandes auf Binnen- und Küstengewässern steht die Motorisierung ganzer Fahrzeuggattungen noch in der Anfangsentwicklung. Diesem Absatzgebiet ihre besondere Aufmerksamkeit zu widmen, scheint eine aussichtsreiche Aufgabe für die Deutsche Motorenindustrie zu sein.

Literatur-Nachweisung.

Bauvorschriften der Kaiserlichen Marine für verschiedene Arten von Bootsmotoren.
Klassifikationsvorschriften des Germanischen Lloyd.
Klassifikationsvorschriften des Bureau Veritas.
Klassifikationsvorschriften des Britischen Lloyd.
Unfallverhütungsvorschriften der Deutschen Seeberufsgenossenschaft.
Güldner, „Verbrennungskraftmaschinen".
Lieckfeld, „Die Petroleum- und Benzinmotoren", Verlag R. Oldenbourg, Berlin.
A. Achenbach, „Die Schiffsschraube", Verlag R. Cordes.
Dittmer-Buhl, „Seefischereifahrzeuge und Boote", Hahnsche Buchhandlung,
Dittmer-Lieckfeld-Romberg, „Motoren und Winden für die See- und Küstenfischerei", Verlag R. Oldenbourg, Berlin.
Prof. O. Flamm, „Die Anwendung des Motors in der Binnenschiffahrt", Verlag A. Troschel, Groß-Lichterfelde.
M. H. Bauer, „Das Motorboot und seine Behandlung". Verlag Richard Carl Schmidt & Co., Berlin.
Bruno Müller, „Küsten- und Fischerei-Motorfahrzeuge", Verlag Richard Carl Schmidt & Co., Berlin.
Bruno Müller, „Das Motorschiff und seine Maschinenanlage". II. Auflage. Verlag Dr. Max Jaenecke, Leipzig.
Prof. Gabriel Becker, „Vervollkommnung der Kraftfahrzeugmotoren durch Leichtmetallkolben", Verlag R. Oldenbourg, Berlin.
Prof. H. Matthießen, „Fischerei-Motoren", Verlag W. Moeser, Berlin.
W. Isendahl, „Bootsmotoren, Konstruktion, Einbau und Behandlung", Verlag Richard Carl Schmidt & Co., Berlin.
H. Franz „Rohölbootsmotoren", Verlag Richard Carl Schmidt & Co., Berlin.
B. Müller, „Typentabellen von Boots- und Außenbordmotoren", Verlag Richard Carl Schmidt & Co., Berlin.
Dr. ing. R. Geissler, „Der Schraubenpropeller", Verlag Julius Springer, Berlin.
Brix, „Bootsbau". Verlag Wilhelm Ernst & Sohn Berlin.
H. Haeder, „Das Motorboot und seine maschinelle Einrichtung", Verlag Otto Haeder, Wiesbaden.
„Motorboote und Bootsmotoren", Verlag Dr. Wedekind, Berlin.
Teschow-von Viebahn, „Motorbootfahrers Handbuch", Verlag Dr. Wedekind, Berlin.
„Schiffbau-Kalender", Verlag der Zeitschrift „Schiffbau".
Jahrbücher der Schiffbautechnischen Gesellschaft, Verlag Julius Springer, Berlin.
Zeitschriften: „Schiffbau",
„Motorschiff und Motorboot",
„Die Yacht",
„Zeitschrift für Binnenschiffahrt",
„Der Kleinschiffbau",
„Wirtschaftsmotor",
„Mitteilungen des Vereins Deutscher Motorfahrzeug-Industrieller",
„Deutsche Schiffbau-Zeitung",
„Der Motorwagen".
Druckschriften und Kataloge der Fachindustrien.